谨以此书
献给我敬爱的母亲、
亲爱的女儿
及我看着长大的孩子们！
也献给千千万万
为了孩子的成长
付出心血的家长们！

本书由内蒙古自治区高等学校人文社科重点研究基地“内蒙古民族教育与心理发展研究基地”资助出版

陪伴

让家庭教育更有效

郭猛——著

江苏大学出版社
JIANGSU UNIVERSITY PRESS
镇 江

图书在版编目（CIP）数据

陪伴：让家庭教育更有效／郭猛著. — 镇江：江苏大学出版社，2021. 11
ISBN 978-7-5684-1712-9

Ⅰ. ①陪… Ⅱ. ①郭… Ⅲ. ①家庭教育—通俗读物
Ⅳ. ①G78-49

中国版本图书馆 CIP 数据核字（2021）第 242818 号

陪伴：让家庭教育更有效
Peiban：Rang jiating Jiaoyu Geng Youxiao

著　　者/郭　猛
责任编辑/仲　蕙
出版发行/江苏大学出版社
地　　址/江苏省镇江市梦溪园巷 30 号（邮编：212003）
电　　话/0511-84446464（传真）
网　　址/http://press.ujs.edu.cn
排　　版/镇江文苑制版印刷有限责任公司
印　　刷/镇江文苑制版印刷有限责任公司
开　　本/718 mm×1 000 mm　1/16
印　　张/12. 75
字　　数/200 千字
版　　次/2021 年 11 月第 1 版
印　　次/2021 年 11 月第 1 次印刷
书　　号/ISBN 978-7-5684-1712-9
定　　价/56. 00 元

如有印装质量问题请与本社营销部联系（电话：0511-84440882）

前言

PREFACE

美国的詹姆斯·科尔曼教授通过一系列研究，在 1966 年向美国国会递交了一份报告（即著名的《科尔曼报告》）。他在报告中指出：当一个国家社会经济条件发展到一定程度的时候，学校教育就没有人们想象的那么重要，真正重要的其实是家庭。诚如其言，随着我国经济社会的发展，人们越来越重视家庭教育。因为重视，“别让孩子输在起跑线上”成了很多家庭的座右铭，令人焦虑的“起跑线”后是家长的望子成龙。社会竞争如此激烈的今天，全家都把希望寄托在孩子身上，因此，家长们焦虑择校，焦虑孩子在学校的表现，焦虑分数，焦虑“别人家的孩子”比自家的强，却很少有人焦虑是否给了孩子足够的陪伴。有的家长认为有钱就能让孩子受到更好的教育，于是拼命工作、赚钱，把孩子的学习交给学区房、名校、名师，把孩子的成绩交给老师、培训班，把孩子的欢乐交给玩具、同学，把陪伴孩子的责任交给老人、保姆，把给孩子补充营养的工作交给食堂、小饭桌……

最好的老师是父母，最好的教育是陪伴！一位教育学家研究发现，促使孩子在学习能力倾向测验中得高分的因素中，智商、经济条件、社会地位等因素都不及一个更微妙的因素重要，那就是“经常与父母一起吃晚饭”。父母的陪伴，不仅仅能在婴幼儿时期为培养孩子的高智商、高情商打下坚实的基础，由此建立的融洽的亲子关系更能让教育“入脑入心”。现实给了我们足够多的教训，比如学校里“问题少年”的背后几乎都有一个不够温暖的家庭；留守儿童引发的问题绝大多数都和“缺少父母的陪伴”有关。

作为一名教育工作者，我对教育有着特殊的情结，《陪伴：让家庭教育更有效》这本书中有我的教育理念和方法，也自然融入了我的教育经验和生活体验。写作的时候，我回顾了过去六年里我是如何做母亲的，也思考了我们该怎么做父母。我不喜欢那些鸡汤式的家庭教育和儿童教育读物，因为每个孩子都不一样，每个家庭也不一样，所以我们需要的是正确的家庭教育理念，以不变应万变。杜威曾说过：人的长成是各种能力慢慢地生长的结果，成熟要经过一定的时间，揠苗助长的做法会伤害儿童，儿童时期就是生长和发展的时期。杜威这句话的意思是，对待孩子的成长不可急躁，不能过分干预，应该耐心陪伴，加以引导。孩子是不断成长的，家长应做好他们的陪伴者和引导者，要读懂孩子，理解家庭教育的内涵，了解当前家庭教育的问题。

因此，本书主要分为以下几个部分：

第一，提出新时代家长应觉醒家庭的使命。从了解家庭的内涵、功能，家庭对孩子成长的价值及家庭中的教育要素开始，从遗传和社会性发展两方面分析“为什么说孩子是家庭的镜子”，进而阐明孩子需要什么样的家，以及家庭的精神财富——优良家风。

第二，介绍家庭教育的相关理论，包括家庭教育的理论基础、内涵、特征，家庭教育永恒的主题——立德树人，以及最宝贵的教育资源——家庭生活等，并通过相关案例引发读者对家庭教育现状的思考。正是由于现实中家庭教育存在某些问题，才有必要从家庭教育的相关理论入手，给并不了解“家庭教育是什么”的家长一点提示，以帮助家长形成正确的家庭教育观念。

第三，考量家庭教育的现实状况。用调研数据说明家长是如何影响孩子的，包括家长的教育观、儿童观和成才观，家长对孩子的教养态度，家长的教育行为，并通过调查儿童发展情况，进一步反观家庭教育中存在的问题。家庭教育需要社会支持网络系统，在社会大力发展家庭教育事业、提倡家园共育的趋势下，亟须创设家、园、社会三位一体的大教育格局。

第四，通过理论分析、案例分享、数据支撑，阐述良好的家庭教育是孩子成长的有力保障，家长不能在望子成龙的教育观的影响下忽视孩子的需求，应了解孩子需要的是父母的陪伴。

目录 — CONTENTS

第一章

新时代家长应
觉醒家庭的使命

从呱呱坠地的那一刻起，孩子在这个世界上最早也是最多接触到的就是家庭。每个孩子都是家庭的一面镜子，想要了解家庭教育在孩子身上留下了什么，就需要从了解家庭开始。

每一个家庭应该都有相似的经历，从知道孩子将要降临到家庭的那一刻开始，各种各样的焦虑情绪随之而来：担心胎儿的发育是否正常，担心孩子的营养、健康、学业和安全状况是否良好；只要行有余力，还会考虑孩子是不是需要发展一两样诸如书法、绘画、乐器方面的专长；等等。不仅如此，为了让孩子顺利进入理想的学校，家庭在人力、物力上都要面临重重关卡。即使是小学预报名，也会在家庭中掀起了不小的风波。本是就近入学，但是很多家长会从环境、距离、学校风气、师资力量等方面全面考察学校，而且在相当长的一段时间内，家长们的主要话题都是“你的孩子就读哪所学校?”“你觉得××学校怎么样?”。

随着社会竞争日益激烈，家长们深知责任重大、任务艰巨，为了不让孩子输在起跑线上而殚精竭虑。在当今这个充满诱惑的环境中，孩子更聪明机灵，更早接触人情世故，稍有不慎，就有可能走偏或受到伤害，这让家长焦虑不安。每当有家长向我问及孩子的教育问题时，我都会非常耐心地倾听、回答，对照现象分析原因，不仅回答得巨细无遗，有时还会像个不放心的妈妈，一遍又一遍地唠叨个没完。

第一节

教育孩子从了解家庭开始

一、家庭的内涵

从古到今，人们都生活在家庭中，对家庭再熟悉不过了。那么，家庭是什么呢？

有人说，家庭是生活的空间，但是不同于旅店，不能想来就来，交了钱就走。因为，家庭中的每个成员都有一份情感上的依恋和一份不能推卸的责任。

有人说，家庭是日常生活小事的载体，家事虽小却能满足人的各种需要。家庭具有生理、心理、物质、精神、文化功能，是其他任何组织都不可比拟的。

有人说，家庭是学习的场所，但不同于学校，没有现成的教学大纲，父母不能“照本宣科”。家庭中的知识源于丰富多彩的生活，学习融于日常生活之中。

有人说，家庭是私人的空间，但并不是封闭的，它连接着社会的方方面面，是一个小社会。家庭的命运总与社会的发展相联系，有时家庭甚至承载着推动人类发展和社会进步的使命。

如此说来，我们自以为熟悉的家庭，或许还有一些我们并不熟知的丰富的内涵。那么，家庭究竟有哪些内涵呢？

（一）家庭的本质是家庭中错综复杂的关系

家庭的起点和基础是婚姻，一对男女结为夫妻，然后生儿育女，产生了以父母子女关系、兄弟姐妹关系为主要内容的血缘关系，以及由婚姻、血缘关系延伸的其他关系。“原生家庭”是指子女还未成婚，仍与父母生活在一起的家庭，它对子女以后的成长有很深的影响，且能一代又一代地影响下去。

（二）家庭具有自然属性和社会属性

每一个孩子都是精子和卵子相结合，并在母体中孕育的结果。父亲和母亲共同给予孩子生命，以血缘为纽带，建立了父母与孩子之间不可分割的自然关系，使得家庭具有自然属性。同时，在孩子的成长过程中，父母承担抚养、教育孩子的责任，需要共同为孩子营造成长所需要的家庭环境，这就使得家庭具有社会属性，从而使每一个家庭成员具有不能推卸的社会责任。通过领养建立养父母与养子女关系的双方，即使不存在血缘关系，但存在法定的权利义务关系，因而这样的家庭也具有自然属性和社会属性。

（三）家庭是人们社会生活的基本单位

家庭是一个初级社会群体，为每一个家庭成员的生存和发展创造条件。家庭成员共同生活在一起，有共同的利益和共同的生活目标。在家庭这个利益共同体中，为满足衣食住行及抚养、赡养等需求，所有家庭成员相互扶持、共同付出，这样营造出的家庭氛围又能广泛而有效地影响每个家庭成员。

（四）家庭是人的精神寄托

家庭是每个人来到世上最先接触的环境，它是每个人安身立命的场所，让人的生活有着落、精神有所寄托。无论社会如何发展、时代怎样变迁，家庭对人来说始终是不可缺少的。人无论走到哪里，总会有对家人的牵挂和责任，家是每个人心灵的归宿。有证据表明，没有家庭及其所提供的各种支持，人罹患各种生理疾病、心理疾病的可能性将会增加；没有和谐的家庭环境，个人的幸福感会降低，甚至生命健康会受到损害。

（五）家庭是社会的细胞

生命活动离不开细胞，细胞是生物体结构和功能的基本单位，没有细胞的活动，就没有完整的生命活动；家庭是社会的基本单位，没有家庭就没有完整的社会，家庭出了问题必然影响社会的良性运行。

古人云：“修身，齐家，治国，平天下”“一室之不治，何以天下家国为”。每个人都是社会的一分子，都在社会共同体中生活。繁衍人口，以及与此相联系的对劳动后备力量的培养是家庭特有的职能，也是家庭存在和发展的需要。个人生存、家族延续、社会继替、国家维系都是以家庭为基础的。

经典语录

家庭是社会的基本细胞，是人生的第一所学校。不论时代发生多大变化，不论生活格局发生多大变化，我们都要重视家庭建设，注重家庭、注重家教、注重家风，紧密结合培育和弘扬社会主义核心价值观，发扬光大中华民族传统家庭美德，促进家庭和睦，促进亲人相亲相爱，促进下一代健康成长，促进老年人老有所养，使千千万万个家庭成为国家发展、民族进步、社会和谐的重要基点。

——习近平总书记在 2015 年春节团拜会上的讲话（2015 年 2 月 18 日《人民日报》载）

家庭是社会生活的一种形式，儿童在其中获得教养和道德的训练。①

——约翰·杜威

二、家庭的功能

家庭功能是指家庭在人类生活和社会发展方面所能起到的作用，即家庭对于人类的功用和效能。家庭功能的发挥是自发的，许多人在家庭中生活了几十年都不知道家庭功能有哪些。如果了解了家庭的功能，我们就能更充分地发挥家庭在各方面的作用，提高生活质量，从而促进社会进步。决定家庭功能的最主要的两大因素是社会需求和家庭本身的特性。由于这两大因素一直在交互作用并且变化着，因而家庭功能随之发生变化。在社会变迁的现实背景下，家庭功能在家庭发展的不同阶段有着不同的内容。

① 约翰·杜威. 学校与社会·明日之学校［M］. 赵祥麟，任钟印，吴志宏，译. 北京：人民教育出版社，2005：7.

（一）家庭功能的类型

1. 经济功能

经济功能包括生产功能和消费功能。从原始社会末期到传统农业社会，家庭是生产劳动的组织单位，是生产资料的占有单位，人类社会最初的私有制是与原始公社解体、生产资料归家庭所有同时发生的。因此，家庭既是生活单位也是生产单位，以家庭为单位组织生产活动，家长是生产劳动的组织者和领导者；家庭又是消费单位，即以家庭为单位进行劳动产品的分配和交换，家庭中的消费用品由全体家庭成员共同拥有和享用。

现代社会家庭作为生产单位的功能逐渐削弱，但经济功能，尤其是消费功能依然是其他功能的物质基础。家庭的消费功能是家庭维持生存所必需的，家庭生活的方方面面都离不开消费，如衣食住行、文化教育。家庭的人口规模及收入水平决定了家庭的消费水平，家庭的支出方式、项目和权重决定了家庭的消费方式。社会消费的基本特点之一是以家庭为单位核算人们的收入和支出。家庭的经济功能满足人们基本生活的需要，家庭的消费水平体现家庭的经济状况。

2. 生育功能

生育是两性结合的产物，自人类进入个体婚制阶段以来，家庭一直被当作繁衍后代的基本单位。虽然现代社会有的家庭不愿生育，但绝大多数家庭仍然通过生育的方式保证家族的繁衍，进而保障种族和社会的延续。人类通过各种方式控制生育水平以实现社会继替，家庭正是承担这一使命的载体。

2021 年 8 月 20 日，中华人民共和国第十三届全国人民代表大会常务委员会第三十次会议表决通过了《全国人民代表大会常务委员会关于修改〈中华人民共和国人口与计划生育法〉的决定》，国家主席习近平签署主席令予以公布，自公布之日起施行。这是自全面两孩政策实施以来，对这部法律的又一次重大修改，国家提倡适龄婚育、优生优育，一对夫妻可以生育三个子女。国家采取财政、税收、保险、教育、住房、就业等支持措施，减轻家庭生育、养育、教育负担。①

① 中国纪检监察报．人口与计划生育法完成修改　规定“一对夫妻可以生育三个子女”——生育政策调整的关键一环［EB/OL］．中国人大网，2021－08－23．http：//www.npc.gov.cn/npc/c30834/202108/f66b71feebc2437b9de27cb903f6fdf4.shtml.

3. 性生活功能

夫妻性生活是家庭中婚姻关系的生物学基础。性生活和生育行为密切相关，社会通过一定的道德规范和法律法规使人的性生活规范化，长久以来，家庭一直是为法律和社会习俗所认可的性生活场所，因此，家庭成为满足两性生活需求的基本单位。在我国，只有在家庭中以婚姻为形式的两性生活才是合法的。费孝通先生认为婚姻制度的意义在于它是人类种族绵延的保障，因为它既是合法生育的必要形式，同时也确立了抚养模式，即一男一女合法地生育子女并以共处的方式将子女抚养长大。另外，从婚姻制度的起源来看，婚姻从一开始就具有约束和规范人们性行为的功能。在现代社会一夫一妻制的背景下，婚姻成为性关系合法性和排他性的保障。

4. 抚养、赡养功能

抚养、赡养功能具体表现为家庭代际关系中的双向义务与责任。父母有抚养子女的义务，子女对父母有赡养的责任。抚养是指上一代抚育、培养下一代，赡养是指下一代供养上一代。抚养、赡养功能是对家庭中弱者的保护，也是实现社会继替必不可少的保障。我国法律规定，抚养下一代、赡养老一代是成年公民的法定义务和责任。

家庭养老包括经济上供养、生活上照料、精神上慰藉和生病时医护四个方面。在传统农业社会，家庭既是生活单位又是生产单位，因此，家庭养老成为最根本、最主要、最普通的养老方式。即使在现代社会，社会保障制度使老年人依法享有养老金、医疗待遇和其他待遇，社会各类专业机构或志愿组织为老年人提供养老服务，但家庭的赡养功能仍然存在，因为亲情是社会保障制度和相关组织无法提供的。

5. 教育、社会化功能

教育、社会化功能包括父母对子女的教育和家庭成员的相互教育，前者以帮助子女实现社会化为目标，后者以完成再社会化为目标，其中，子女教育是主要内容。生育功能的存在，使得家庭成员间有着特殊的、紧密的联系，培养下一代的重任成为家庭亘古不变的主题，孩子成为怎样的人，在很大程度上取决于家庭如何发挥其教育功能。

社会化是指人通过各种教育途径掌握社会知识、技能和规范，从而形成自觉遵守与维护社会秩序等价值观念和行为方式的过程。家庭是儿童社会化的第一场所，童年时期是人的社会化的关键时期。父母和子女之间的亲情关系，使得家庭对儿童的社会化教育具有自然性、随机性和生活性，对孩子的成长有潜移默化的作用。家庭对儿童社会化教育的内容包括掌握生活常识和社会规范、培养良好的性格情操及人际关系等各个方面。

6. 情感交流功能

情感交流是人的心理需求之一，也是家庭精神生活的组成部分。人的各种态度的生成、人格的发展、心灵的慰藉和精神的寄托都离不开家庭。情感交流的密切程度关系到家庭关系是否和谐，也是家庭生活是否幸福的重要标志。在现代社会，人们交往的范围不断扩大，交往方式改革，家庭中夫妻之间、亲子之间面对面的情感交流显得更加重要。

7. 休闲和娱乐功能

休闲与娱乐是人的生理和精神需求，家庭成员常通过休闲娱乐活动打发闲暇时间。随着人们生活水平的提高，休闲和娱乐生活日渐丰富多彩，如举家外出旅游、家庭摄影、家庭健身、家庭游戏等，既丰富了家庭生活，也使家庭成员的关系更加密切。对儿童来说，家庭娱乐可以让儿童获得知识；对成年人来说，家庭娱乐可以有助于成年人调剂生活、增加乐趣。随着经济的发展和科技的进步，大多数人的劳动时间缩短，自由时间增多，人们可以把大部分闲暇时间用于满足享受和发展的需要，家庭中的闲暇生活有了更新的内容和要求。

正是因为上述功能的存在，家庭才能从物质、精神、文化等各个方面满足家庭成员的需要，使人在出生后得以健康生活和全面发展。缺失任何一种家庭功能，都可能给人的成长制造障碍。比如，有的家庭只注重经济功能，拥有较高的物质生活水平，却缺少情感交流的功能，这样就难免造成家庭成员之间的关系不和谐，甚至出现家庭危机。

案例分析

有一个6岁的小女孩经常哭闹，不愿和人亲近，在学校也寡言少语，还常对母亲说“我不想去姥姥家”“我想离家出走”，父母以为孩子有心理问题，向心理医生求助。心理医生与孩子、家长交谈后，得出了这样的结论：孩子有这样的表现是因为缺少爸爸、妈妈的陪伴。

原来，女孩的父母忙于生意，经常不在家，女孩又不善于交友，一个人时感到孤独、寂寞。有一天看到电视节目中说到“离家出走”，就如法炮制地对父母说了一次，发现父母很紧张，对她非常关心，还带她出去玩，所以之后又说了若干次。

【分析】这个案例告诉我们，孩子对家庭的需求不只是物质上的，还有父母的陪伴和心灵的抚慰。即使家人暂时不能在一起，也需要彼此牵挂，并给予精神关怀，这是家庭不可缺少的功能。家庭教育与生育、养育相联系，是家庭内在的固有的基本功能之一，这是因为家庭不仅要为社会提供一个“生物人”，还要为社会培育一个“社会人”，这就要教会孩子如何被社会接纳、在社会上立足，这个过程就是人的社会化过程。“生物人”发展为“社会人”的过程中，不能只有家庭的教育功能孤立地发挥作用，其他家庭功能也应发挥作用。培养适应未来社会需求的“社会人”，是家庭教育的基本目标，生育、养育、教育是父母必须履行的义务和法定责任，所以子女在成长过程中不能缺少父母的陪伴。

（二）家庭功能的变迁

从宏观的角度研究家庭功能的变迁，是将社会中所有家庭（在抽象层次上表现为家庭制度）看成一个整体，在人类社会发展的背景之下，纵贯研究其制度发展变化。根据结构功能主义的观点，任何一种社会制度都针对一种基本需要，家庭制度的功能在于满足人类生存和发展的需要，其中，生存又包括日常生活的维持和世代延续两方面。

在工业化社会之前，农业生产力水平低，人们组织家庭的目的在于解决生存问题。组织生产是农村家庭的首要任务，人口再生产也首先是为了再生产劳动力。即使家庭成员之间存在血缘和姻缘关系，他们首先承担的也是在家庭经济生活中的角色，中国传统农业社会中的“男耕女织”就是对此做出的清楚解释。因此，家庭内部人际关系主要是经济关系。在这样的社会中，家庭可定义为社会的“劳动组织基本形式”。组织家庭的目的首先在于维持生存，即为了组织生产开展经济活动。家庭主要是社会劳动组织的基本形式，由此决定了在家庭的诸多功能中，生产功能的地位要比家庭其他功能的地位高。

从微观的角度研究家庭功能的变迁，是将单个家庭作为研究对象，了解单个家庭受自然规律影响的发展变化，家庭生命周期就是这种发展变化的共同特征。家庭生命周期的不同阶段是由家庭组织者（在一夫一妻制下家庭组织者即为夫妻）的年龄特点所决定的，家庭组织者的主要需求会有所不同，因此，满足主要需求的家庭功能也会有所不同。

综上，家庭功能是多方面的，它能满足人类和社会的多种需要，这一点是其他社会组织所不可比拟的。任何家庭不管以什么样的结构类型出现，对个人来说都是稳定的私人生活的中心，发挥着生育、教育和社会化、赡养和关怀、个人安全等多方面的功用，提供生理和情感上的满足。对社会来说，家庭的目标和具体贡献在于为社会进行人口再生产、完成文化传播和传递、协调人际关系，在某些阶段还执行社会生产与分配的任务。家庭对于人类和社会的多种作用使其作为一种社会组织，长久以来一直存在于人类社会生活之中，不可缺少。

拓展阅读

亲属关系在孩子成长中的独特作用①

亲属关系是因婚姻、血缘或收养而产生的社会关系，亲属是孩子除了父母之外最亲近、最信赖的人。亲属对孩子负有责任与义务。亲属是家庭的“局外”人，可以凭借自己的阅历和孩子对自己的信任，以及自己对孩子及其家庭的了解，帮助孩子把握关键事情，包括帮助孩子认识父母的爱。

---

① 毕凤祥．家庭教育中“亲邻关系”的缺失与应对[J].中国家庭教育，2013（3）：8-12.

第一，独特位置，真情不二。

“独特位置”是指亲属之于孩子的特殊辈分及其与孩子的亲密程度，如爷爷、奶奶等都是独一无二的；“真情不二”是指亲属对孩子真心呵护，没有二心。在孩子的成长过程中，让亲属与孩子沟通，往往能达到比父母与孩子沟通更好的效果。

女儿对硕大的仙人球产生了兴趣，对外公、外婆说：“这个球吃太多了！里面的仙人要出来啦！”（2019 年 8 月 5 日拍摄于中国北京世界园艺博览会）

第二，独特经历，更具耐心。

亲属中孩子最愿意听谁的话？一是对自己呵护最多的；二是亲属的子女成长得最好的；三是付出最多，又有能力的；四是事业成功的；五是朋友多、朋友层次高的。这里的顺序没有实际意义，因为在不同阶段，孩子的认识和体验是不同的。孩子很小的时候，最愿意听“对自己呵护最多的”亲属的话，长大了可能变为最愿意听“事业成功的”“亲属的子女成长得最好的”亲属的话了。亲属往往具有独特的经历，这种经历使其成功，这种经历对于孩子是一种十分珍贵的人生经验。现实中有些“好教师”对提出问题的学生十分有耐心，解答几遍都行，但如果是自己的孩子，多问一遍就恼火了，就要训斥孩子。所以，“好教师”与学生的关系很好，与自己子女的关系却不一定好。由于不是自己的孩子，因而亲属在与孩子相处、沟通中都特别讲究方式方法，而且更有耐心，这样也使得亲属对孩子的教育有特效。浙江省温州市建设小学校长陈钱林不仅把自己的一双儿女教育得很好，自己的侄儿、外甥等也被教育得很好。他教育亲属孩子的成功主要源于：其一，独特经历。陈校长独特的学习、教学、管理、生活、处世等经历使他的教育更具科学性、艺术性和实践性，具有先进的理念、有效的技巧，也使其具有崇高的威信；其二，更具耐心。在教育亲属的孩子上，陈校长更有耐心，更注意分寸。

第三，独特方法，亲亲信道。

有一个男孩叫亮亮，他对父母及爷爷、奶奶等近亲的话都不太在意，唯独对大姨家的姐姐言听计从。他妈妈与他大姨相差 12 岁，大姨特别照顾妈妈，从小到大，一直如此。大姨在亲友中的威望非常高，包括姥姥、姥爷在内的亲属都相信她、依靠她。她对亮亮也特别亲、特别好。亮亮是通过与姐姐亲近，间接地与大姨亲近的。特别是后来，姐姐考上大学、读研、做大学教师、成家，亮亮一直与姐姐频繁交流。这种与大姨和姐姐的关系使亮亮受益匪浅，亮亮现在也考上了名牌大学，而且发展得很全面。

三、家庭对孩子成长的价值

一个人一生中最早受到的教育来自家庭，来自父母对孩子的早期教育。有人说：推动摇篮的手就是推动世界的手。父母是孩子的第一任老师，有的父母教孩子做一个诚实的人，而有的父母却教孩子说第一句谎言；有的父母教孩子做一个善良无私的人，而有的父母却教孩子做一个自私的人；有的父母在孩子的心里撒上爱的种子，而有的父母却在孩子的心里播下暴力的种子。一位早期教育专家认为，一个人 6 岁之前所受到的教育会影响他的一生。

案例分析

北京海淀区法院少年法庭庭长尚秀云从审批的 629 名未成年犯罪者中发现，“问题少年”往往是“问题父母”的产物，每 7 个编造谎言犯诈骗罪的少年中，有 6 个的家长不诚实；每 14 个偷拿他人财物犯盗窃罪的少年中，有 13 个的家长崇尚金钱、贪小便宜；每 15 个持械斗殴犯故意伤害罪的少年中，有 12 个的家长性格粗暴，爱与人争斗，动辄打骂孩子。

【分析】当孩子带着一颗单纯的、透明的心来到这个世界时，他们对这个世界充满了好奇和求知的渴望，他们对父母有着一种天然的信任感。在孩子的眼里，父母无所不知，无所不能。对世界一无所知的孩子，对父母所给予的信息是反映式的，父母的生活态度和言行举止、父母的心理和人格，就是孩子向这

个社会学习的最好教材，父母就是孩子认识社会、认识人生的一面镜子。作为孩子的第一任老师，父母应深刻反思看似无关紧要，却在默默影响孩子的“小事”，要知道，父母品行上的这些“小事”足以影响孩子的一生。当父母不能很好地呵护孩子，孩子体会不到家庭的温暖时，家庭对孩子就失去了吸引力，在这种情况下，尽管父母双全，孩子却成了缺爹少妈的“孤儿”，他们在背离家庭的同时很可能成为社会的“祸害”。

与前面所提到的家庭内涵、家庭功能相联系，家庭也有其自身的特点。由于家庭中人与人之间的关系具有特殊性，因而在孩子的成长过程中，家庭有着特殊的价值和作用：

从地理空间上看，家庭是家庭成员共同生活的地方。家庭成员同在一个“屋檐下”，在空间上最为接近，彼此通过面对面的接触方式进行交流。

从互动频率上看，家庭成员人数相对比较少，而且彼此的关系相对稳定、密切，因而互动的频率很高。

从互动方式上看，家庭成员之间的相互控制和影响主要通过非正式形式，没有严格的限制和规范，不像工厂里的工人要按照既定的工序彼此发生联系。家庭成员的互动是在彼此的日常生活中随时随地进行的，表现在家庭生活的各个领域。

从互动深度上看，关系的特殊性使得家庭成员之间的互动不仅仅是表面上的，更多的是融入心灵深处的相互依恋和情感交流。家人之间的感情之深是其他关系达不到的。

从利益关系上看，家庭成员通常在吃、穿、住、用、行等生活事项上是一体的，经济上的联系十分密切，其利益相关、目标一致。未成年的孩子与父母是不可分割的，父母为孩子提供生活保障是必须履行的义务。

从维系的时间上看，家庭成员之间的关系贯穿一个人从出生到死亡的全过程，相对于其他社会群体在时间上最为持久。

正是因为家庭具有不同于其他社会组织的特点，其对孩子的影响才是最为深刻、最有感召力的，孩子通过家庭认识社会才是完整的。近年来，社会发展和变革使家庭发生了巨大变化，一个不容忽视的社会现实——“家不像家”成为家庭发展中的突出问题，给孩子的成长制造了各种障碍：

中小学生沉重的课业挤占了他们的家庭生活时间，一些家长围着孩子的学习转，疲于应付学校的各种作业，在一定程度上使得家庭固有的特点模糊了，家庭的教育优势被削弱。

随着社会竞争的加剧，在职场上打拼的人们压力加重，一些中青年父母忙于工作而顾不上家庭，把孩子的课余生活交给课外教育机构或花钱雇人代管，这种家庭责任“外包”使得家庭对孩子的作用转化为金钱的作用，孩子对家人的情感需求在很大程度上被忽略了。

有的父母人在家中，却只专注自己的事，甚至打牌、玩手机而不顾孩子和家人，缺少与家庭成员的积极互动。冷落家人的结果必然是夫妻之间、亲子之间的关系不和谐，家庭的凝聚力减弱。

又如大多数留守儿童家庭，尽管其家庭结构仍在，孩子父母双全，但是父母双方或一方远离孩子的现实已经在很大限度上使家庭的基本特征发生了诸多变化，如亲子之间面对面接触、频繁互动、在日常生活中互相影响等特征在很大程度上被削弱了，甚至不复存在……

这些问题不可避免地使家庭对孩子的积极效应削弱，亲子关系的亲密性、权利义务的特殊性遭到严重破坏。这些问题的根源是父母对孩子的陪伴太少。

四、家庭中的教育要素

（一）树立民主的家庭教育观念

家庭教育观念影响父母对孩子的态度、孩子的行为表现和发展方向。如果父母所持的观念是“孩子不打不成才”，那么父母就会以严厉、冷酷的态度对待孩子，采用简单粗暴的体罚方式；如果父母所持的观念是“孩子与父母享有平等的人格”，那么父母就会以平等和尊重的态度对待孩子，采用民主的沟通方式。正确的家庭教育观念，就是父母对孩子的成长有客观的、正确的认识和理解。树立正确的家庭教育观念，就能把握正确的家庭教育的方向。所以，树立正确的家庭教育观念，是家庭教育获得成功的必要前提条件。可以说，没有正确的家庭教育观念就不会有成功的家庭教育。

树立正确的家庭教育观念要解决的根本问题：一是要尊重孩子，理性地对待孩子的成长，把孩子当作社会成员而不是父母的私有财产；二是克服功利性的教育观念，不要只考虑孩子目前怎样取得优秀的学习成绩、考上重点学校，而要重视孩子的全面发展和综合素质的培养，为孩子一生的生存、生活、发展着想。例如，某位丈夫回到家对自己的妻子说："你看隔壁王太太，皮肤多好，穿衣服很有品位。"这时妻子会有什么样的感受，丈夫接下来又会受到怎样的"礼遇"？同样，我们在孩子面前说："你看王叔叔的孩子，学习成绩怎么那么好？"孩子心里又会怎么想呢？所以，作为家长，我们应清楚家庭教育要尊重每一个孩子的成长规律，要为孩子一生的学习、工作、事业发展和生活幸福打下基础。

相较于学校教育，家庭教育的水平参差不齐，因为每个家庭的条件不同，每个孩子本身的先天条件也不同，每个父亲或母亲教育孩子的能力更不同，所以每个孩子的成长过程不同，发展的结果也不同。能在现有条件下充分发挥家庭教育的效能，让孩子得到最好的发展、成为最好的自己，就是成功的家庭教育。如果父母树立这样的观念，就可以避免以焦躁的情绪和不理性的态度面对孩子的成长，父母进行家庭教育时就能把握好"方向"。

不到2周岁的女儿要自己走，嘴里还不停地说："看驼驼（骆驼）。"爸爸放慢脚步，仔细听。（2016年11月拍摄于通辽）

（二）确立理性的家庭教育态度

理性的家庭教育态度是指父母要尊重孩子成长的客观规律，对自身教育孩子的能力、家庭经济条件，以及孩子自身的先天、后天条件有比较清楚的认识，对孩子的教育、成长和发展有客观的态度，以平常心对待孩子的成长，重视对孩子的科学教育过程。父母应把孩子当作一个活生生的有自己独立个性的个体，尊重孩子的人格和独立性，不能把孩子当作任意操纵的机器，也不能想当然地按自己的想法教育孩子，不强制孩子要做什么、不做什么，不刻意让孩子成为什么样的人。

持理性的态度教育孩子，是让孩子健康成长的一个非常重要的因素。父母确立了理性的家庭教育态度，在教育孩子的过程中就会保持清醒的头脑，不会采用急功近利、拔苗助长等违背孩子成长规律的错误的教育方式，从而避免因教育孩子的失误而给孩子的一生造成不良影响。

（三）营造良好的家庭教育环境

俗话说："近朱者赤，近墨者黑。"孩子成为什么样的人，主要是由孩子所处的生活环境和所接受的家庭教育共同决定的。家庭环境就是孩子成长的土壤，这个土壤的好坏，决定着孩子能否顺利成长，决定着孩子将来成为什么样的人。如果孩子成长在一个父母生活懒散、行为粗俗、文明程度低的家庭之中，就很难成为一个勤劳朴实、遵章守纪、行为文明的有教养的人。所以，营造一个能让孩子健康成长的家庭教育环境非常重要。良好的家庭教育环境，是指孩子有一个安定的，能愉快地生活、学习，身心能得到健康发展的家庭环境。良好的家庭教育环境主要表现为家庭充满爱的阳光、父母关系和谐、家庭成员关系和睦、父母尊重孩子、亲子关系良好、家庭成员生活方式健康、家庭氛围平等且民主等。

（四）实施科学的家庭教育方法

人的活动效能的高低取决于采取的方法和措施。如果方法科学、措施得当，就会事半功倍、顺利高效地达到预期效果；如果方法不当、措施不力，就会事倍功半，活动效能就低，难以实现预期目标；如果方法错误，则不仅可能实现不了预期目标，还有可能事与愿违，最终导致失败。因此，对于任何活动，采用科学的方法非常重要，家庭教育当然也不例外。

如今，许多父母抱怨孩子拒绝沟通、不听管教、抵触情绪强烈和逆反心理严重，致使家庭教育的效果非常糟糕。但追根究底，不当的、错误的家庭教育方法是一个非常重要的原因。因此，在家庭教育中重视方法的科学性至关重要。

实施科学的家庭教育方法，就是要以科学的家庭教育理论和心理学理论为指导，遵循孩子的身心发展特点和成长规律，采用能为孩子接受的恰当的方法教育孩子。为此，父母有目的地学习和掌握一些科学的家庭教育理论和方法，提高自己的家庭教育素养和能力是非常必要的。

（五）培养终身受用的综合素质

通过家庭教育想让孩子成为什么样的人，父母必须心中有数，一定要有一个明确的培养目标和方向。

教孩子学习科学文化知识主要是学校教育的任务而不是家庭教育的任务。家庭教育的主要任务是促使孩子形成良好的道德品质、健全的人格和健康的心灵，教会孩子做人，培养孩子生存和发展、独立创造幸福生活的素质能力，为孩子毕生生活、事业发展做好奠基工作。在孩子的成长过程中，学习和掌握科学文化知识是重要的，但更重要的是具备终身受用的学习、工作、生活、交往和发展能力。孩子可能会遗忘学到的知识，尤其是当下，知识更新速度飞快，所以教给孩子获得知识的方法、培养孩子获得知识的能力更加重要，这会伴随孩子的一生。家庭教育最重要的任务就是培养孩子的综合素质，为孩子一生的学习、工作、生活和发展奠定良好的基础，让孩子更顺利地度过自己的一生。

以上五大要素构成了家庭的整体系统结构，其中，树立民主的家庭教育观念、确立理性的家庭教育态度和实施科学的家庭教育方法是家庭教育成功的关键，营造良好的家庭教育环境为孩子的成长提供了适宜的土壤，培养孩子终身受用的素质是家庭教育的最终目标。要让孩子健康成长、良好发展，这五大要素缺一不可。

第二节

孩子都是家庭的镜子

俗语说“龙生龙，凤生凤，老鼠生来会打洞”“龙生九子，各有不同”，但也有“播下的是龙种，收获的却是跳蚤”这样的谚语。前者强调的是遗传，是动物本能，反映了人成为人的生物学基础；后者体现的是社会化，是外部影响，反映了环境对人的影响。遗传的本能与社会化，是人成为人的两个必要条件。

对大多数人来说，一生中通常都有两个家庭：一个是自己从小长大的家庭，有爸爸、妈妈、兄弟姐妹等家人；另一个是成人以后自己组建的家庭，有自己的妻子或丈夫和孩子。前者叫“原生家庭”，后者称为“新生家庭”或“再生家庭”。人的成长就像一面镜子，会不断折射出原生家庭对一个人的影响。

一、遗传基因会在一定程度上让人们存在差异

差异，有一部分取决于特定的遗传基因，遗传学把决定性状（如人的肤色、高矮、胖瘦）的内在原因称为“遗传因子”。有的孩子所患疾病与遗传有直接关系，如果父母有糖尿病、高血压、高度近视、高热惊厥等，受家族史的影响，孩子可能会有同样的疾病，这种遗传性疾病通过后天的医疗干预也很难改变。关于遗传对孩子的影响，最具说服力的是近亲结婚的后患。

家长须知

直系血亲或者三代以内的旁系血亲禁止结婚。

——《中华人民共和国民法典》第一千零四十八条

案例分析

有一对自称“青梅竹马”“郎才女貌”的年轻人结婚一年之后便生下了白白胖胖的儿子，一家人乐得合不拢嘴。孩子整天都非常安静，很少哭闹，大伙儿都夸这个孩子乖。随着孩子一天天长大，大人们渐渐觉得有点儿不对劲：他好像对周围的环境漠不关心；两个月大时还不会用眼睛与成人对视；七八个月大时逗他也不笑；会抬头、坐、站、走等的时间都比同龄人晚；注意力不集中，教他很多次的动作也学不会……孩子一岁多时，家人把他带到医院检查，结果诊断出他患有先天性痴呆，是遗传性疾病。原来，这对青年男女是表兄妹，结婚登记时隐瞒了这一关系，带着侥幸的心理结了婚，没想到给孩子带来了不可逆转的先天缺陷，全家人懊悔不已。

【分析】人的遗传素质是心理和行为发展不可缺少的先天的生理条件，是孩子成人、成才的生物学基础。遗传学家告诉人们，一般情况下，每个人的基因一半来自父亲，另一半来自母亲。也就是说，每个子女与父母之间、同胞兄弟姐妹之间有二分之一的基因可能相同；爷孙、叔侄、舅甥等之间则有四分之一的基因可能相同；表兄妹、堂兄妹等之间则有八分之一的基因可能相同。前面说的“遗传性疾病”，其致病基因是隐性的，当夫妻双方都携带这种基因时，后代就会发病，这也是我国禁止近亲结婚的原因。对孩子来说，遗传素质的优劣直接关系到其心理、智力和行为的正常发育。

遗传素质的某些方面在有天赋的孩子身上有突出表现。比如，天才莫扎特的音乐才能无法用受到音乐家庭教育的影响来解释；数学天才的突出能力不能完全归于后天环境。关于遗传基因对人的智力的影响，行为遗传学家在对全世界几十个国家的一万多对双胞胎进行研究后发现，同卵双胞胎之间智力测验分数的相关值平均为 0.86，而异卵双胞胎之间智力测验分数的相关值平均为 0.60，这说明人的智力受到遗传基因的影响。研究结果表明，智力测验分数的遗传性为52%。

近年来，随着脑科学的发展，不断有新的研究成果证明人的大脑功能与父母遗传有关。墨尔本大学某研究中心近年的一项研究结果显示，人类的组织能力、问题解决能力及一些精神疾病的根源在于遗传所形成的大脑网络。①

英国的理查德·罗伯茨和美国的菲利普·夏普因发现断裂基因于1993年荣获诺贝尔生理学或医学奖。他们发现基因中的遗传信息是以不连续的方式排列的。在生物的一些基因的不对等交换中，染色体并不完全对齐进行同源染色体的互换，而是进行非同源染色体的互换，而且通过尚未明确的DNA重组过程，进行比较彻底的DNA重排。而断裂基因的来源一般有两条途径，一是大多通过同样或相似的祖先基因独立重复获得，二是通过外显子的随机组合装配获得。这提示，精子与卵子结合时并不是将所有好的基因都复制下来，即使复制了好的基因，好的基因片断也不一定能表达出来并传递给后代。换句话说，有性生殖的基因遗传不仅受时间、环境的影响，还取决于男女双方复杂而庞大的基因组的随机组配。后代只能随机获得父母的部分基因而不是全部基因，而且这种获得是随意的、不稳定的，基因的某些节段、某些信息极有可能自由地随机组合，即所谓的“断裂基因”，这样每个个体的遗传是不会一样的，比如诺贝尔奖获得者的后代也不一定能全部继承父辈的全部优秀基因，这也能解释为什么同一对父母所生的兄弟姐妹会有极大的差异，甚至迥然不同。

二、环境使潜能得以充分发挥

除了遗传素质，人还具有潜在的能力，如有较强的学习能力和积累知识的能力，并将其转化为自身的思想行为，创造新的社会文化；有适应社会的能力；有能动的合群能力。能否充分发挥这些潜能的积极作用，在一定程度上取决于影响个体的外部环境。

中国青少年研究中心少年儿童研究所在1995年开展了“杰出青年的童年与教育”重大课题研究，这项研究调查了400名杰出青年，这些

① 关颖．理性认知遗传素质与社会教化[N].中国妇女报，2017-11-26（A1）.

青年是省级以上模范人物或在某专业领域内被社会公认的有突出贡献的人，如中国十大杰出青年、中国杰出青年企业家、全国青年岗位能手，以及中国青年科学家奖、全国青年优秀社会科学成果奖获得者等，年龄一般在45岁以下。这项研究中最引人注目的是这些杰出青年的家庭和遗传情况，真正因所谓“龙生龙，凤生凤”而成才的人只是一小部分。首先，这些杰出青年的父母的文化程度都较低。对杰出青年的父亲的文化程度进行的调查表明，不识字的占9%，小学文化程度的占38%，初中文化程度的占21%，高中、中专文化程度的占13%，大专、大学以上文化程度的占19%。如果以大专为基准，其中绝大多数杰出青年的父亲（81%）只有大专以下文化程度，近一半是文盲和小学文化程度（47%）。这说明与智力有关的遗传因素在这些杰出青年成长和成才的过程中并不是主要的因素，而是次要的，只占极小的比例。从杰出青年的母亲的文化程度来看，不识字的占40%，小学文化程度的占30%，初中文化程度的占10%，高中、中专文化程度的占12%，大专、大学以上文化程度的占8%。如果也以大专为基准，绝大多数杰出青年的母亲（92%）不具备智力的遗传优势，文盲及小学文化程度的母亲达70%，这是一个令人震惊的事实，但这样的家庭却培养出了人才。这个调查结果再次弱化了遗传的作用。但是这项调查的结果与国外同类研究的结果有较大差别。国外的调查表明，如果父母，尤其是母亲的文化程度高，对孩子的学习和品德具有正面的、积极的影响，而且作用较大，一般这样家庭的孩子学习成绩好、性格好、有礼貌、品德好且社会认同度高等。

尽管这些杰出青年的父母的文化程度普遍不高，有些父母甚至没有受教育的机会，但是他们希望子女通过受教育来摆脱父辈的命运，因此他们对孩子的教育和成长更为关心并舍得投资。此外，这些父母的人格因素较好，尤其是诚实、进取、勤奋、吃苦耐劳的品质对子女的影响较大，更能培养下一代具有终身受用的素质。这样看来，遗传也是起作用的，比如孩子遗传了父母的性格和优良的品质，但更重要的是孩子在后天环境中受到的教育和熏陶，显然，这些杰出青年的成长环境是十分重要的。

再从这400名杰出青年的父母的职业来看，父亲的职业有农民（占28%）、工人（占26%）、机关干部（占18%），知识分子（占18%），其他（占 10%）；母亲的职业有农民（占 37%）、无业家庭妇女（占 22%）、工人（占 17%）、机关干部（占 8%）、知识分子（占 12%），其他（占 4%）。这些情况说明，杰出青年的父母大部分是普通劳动者（工人、农民），甚至是无业人员，这与他们的文化程度普遍较低是一致的。但这并没有影响他们的孩子成为杰出人才，说明遗传的作用并非主要的，而是后天的环境起主要作用。此调查中，父母职业对孩子的影响尽管与国外的调查有所不同（国外的调查结果是父母职业影响子女的学习成绩和心智发展，父母的职业地位越高、越具有文化色彩，其子女的学习成绩和心智发展越好且令人满意），但中国的这项调查也许更符合中国的国情，也可以作为遗传并非成才的主要因素和唯一因素的重要证明。

从科学意义上说，我们必须承认孩子之间差异的先天因素。我国有这样一句励志的谚语“只要功夫深，铁杵磨成针”，可是如果天生不是“铁杵”，而是块木头，材料不具备达到目标的基础条件，下再大的功夫也磨不成针，充其量只能磨成牙签。也就是说，材料不对，再努力也没用。换一个角度来说，如果手中有一块玉石，想把它雕成一件精美的工艺品，可是手中的工具是锄头，则这块玉石只能变成更小的玉石，即工具不对，下再大的功夫，玉石也成不了工艺品，它的价值只会越来越低。对于先天遗传与后天教育，也可用这样的道理解释。

经典语录

现今的社会，人与人接触频繁，甚至往往相处时间最少的反倒是自己的家人，因此孩子所受的影响来自四面八方，光是父母以身作则已经不足以对抗其影响力了，因此家庭教育应该扩展至“境教”，除了谆谆教诲和以身作则，也要给孩子一个较好的学习及成长环境，才能真正发挥家庭教育潜移默化的功效。①

——黄迺毓

① 关颖．家庭教育是什么：家长学习读本［M］.广州：广东教育出版社，2018：29.

小孩子初生时是无知无识的，他所看的、所听的和所接触的，都要印刻在他的脑海中间，而他的反应动作也是以这种印象为张本。倘若他所听见的言语都是文雅而不粗俗的，那他将来说的话也一定是文雅而不粗俗的；倘若他所看见的东西都是整齐清洁的，那他定能爱护清洁整齐的东西。所以做父母的一方面必须事事以身作则，一方面必须选择优良的环境使小孩子得到优良的刺激和印象。①

——陈鹤琴

三、成长从家庭起步

人们都认同早期教育对孩子发展的重要性，可是说到早教，有人以为就是“早点教”，甚至曲解为“早教机构”。于是，一些父母舍得花钱把孩子送去学习、训练，从学爬行、学说话、学算数、全脑开发到艺术、体育等各种特长班和补习班，偏偏看不到家庭优势资源，忽视父母自身所能给予孩子的教育和心理抚育，结果很容易在孩子的人生初始阶段留下终生的遗憾。

经典语录

小孩子生下来的时候，无知无识，简直是瞎子，是聋子，也是哑巴。由一个无知无识的孩子，把他抚养成人，这中间不知要费去多少的教育精神；这个艰巨的责任当然完全系于做父母的身上，犹如一方白布，染红染黑，都是父母所一手造成。②

——陈鹤琴

从自然属性的角度说，人和动物有着根本的区别。雄鹰可以翱翔蓝天，它的后代也能搏击长空。但是，世界游泳冠军的孩子，没有经过严

① 陈鹤琴．家庭教育［M］.2 版. 上海：华东师范大学出版社，2013：12.

② 陈鹤琴．家庭教育与父母教育［M］.上海：上海人民出版社，2016：207.

格的训练，不仅不可能成为世界冠军，甚至连游泳也可能不会。也就是说，动物的能力一经获得，可以成为一种本能遗传给后代，而人类的后代则不能遗传父母的技能，必须通过学习、实践获得。家庭是“自然人”转化为“社会人”的首要场所，孩子潜在的能力能否得以充分释放，取决于父母如何开发。尤其在人生的初始阶段，家庭给予孩子的早期教育，对孩子的一生起关键作用。一个人的发展是需要时间成本和机会成本的，如果没有在恰当的时间做正确的事情，这本身对孩子来说就是一种伤害。原生家庭的氛围、传统、习惯，成人的言语和行为，以及家人之间的互动等，都在不知不觉中影响着孩子，浸润、沉淀在孩子的思想和行为中。婴儿期的孩子虽然还不了解自己在做什么，却已经尝试依照父母的反应调整自己的行为，学习到如何用哭、笑、安静等吸引身边的人。所以父母对孩子的了解、与孩子的互动、使用的教养方法会影响孩子的性情、人格和各种能力的发展，并在孩子日后的新生家庭中、社会交往中，甚至人生道路上以各种形式呈现出来。

孩子从出生到长大成人，原生家庭给予他什么呢？

在我说“你摘花，花会疼”后，女儿是这样表达对花的感受的。（2017 年 8 月拍摄于通辽）

良好的家风和科学的家教，能为孩子创造一个与教育和发展相适应的良好环境，促进其身心健康全面发展。因此，家长在与孩子相处的过程中，要讲究方式、方法，循循善诱、言传身教，引导和启发孩子的自觉性与积极性，培养孩子健全的性格和对生活、学习的热情，让孩子在轻松、温暖的环境中健康发展。

家庭成员的个性、心理素质、思想观念、情感、信仰、习惯等，时刻表现在家庭生活中，对其他每个家庭成员，特别是幼儿起着潜移默化的作用，成为影响家庭教育成效的重要因素。从一定意义上说，有什么样的家庭，就可能塑造出什么样个性的孩子。如果家长具有良好的性格，爽朗、乐观而又活泼，那么这个家庭就会充满欢声笑语；如果家长热爱生活，对生活充满激情，兴趣广泛，勤于学习和钻研，那么这个家庭的学习氛围则浓厚。毫无疑问，这些对塑造孩子的个性是有重要作用的。

家庭教育能让孩子养成良好的行为习惯和高尚的道德情操。儿童的心理发展特点决定了其可塑性极大、模仿性极强，他们是通过观察或模仿掌握生活准则、社会规范及其他知识的，但是此时的模仿不是理性地去模仿，而是像临摹一样，凭感性直观地去模仿，所以往往是良莠不辨、是非不分的。孩子首先模仿的对象是与他们接触最多、关系最密切的父母，父母的一言一行，无论是优点还是缺点，都会被孩子模仿，孩子就成为家长的一面镜子。因此，家长要严格要求自己，以身示范，做好表率，要求孩子做到的事，自己首先要做到；答应孩子的事，自己一定要做到。如果想要孩子养成做事有条理的良好习惯，就应在平时加强对孩子的行为塑造，如玩具玩完后要放回原处，摆放整齐；脱下来的干净衣服应叠好并放在固定的位置上等，经过日复一日的训练，良好的习惯自然也就养成了。家庭教育就是让孩子从幼年开始的日常生活的点滴小事中，养成良好的行为习惯，从而造就孩子良好个性：从学习吃饭、说话、走路、穿衣到掌握自我管理、服务他人等；从学习进食、如厕、与人交往到掌握社会生活规则、法律规范等；从认识自己、家人、周围的环境到学会扮演家庭、社会中的不同角色，以及处理各种社会关系等；从学会判断对与错、是与非、荣与辱到树立正确的人生观、价值观、世界观……家庭对年幼的孩子来说是一个全面的“训练场”，孩子与家人的互动是最直接、最温馨的教化。

经典语录

如果儿童在出生后的最初 2、3 年里，没有通过最亲近的人——母亲，就这个年龄期的儿童所能接受的程度来发现世界，如果他没有感觉过母亲的爱抚的、慈祥的、忧虑的目光，如果他没有听到过本族语言的细腻而充满情感的音调，那么这个儿童的智力生活就会跟有正确的母亲教育的儿童走上完全不同的发展道路。①

——苏霍姆林斯基

无数的科学实验和现实中鲜活的事例都证明了原生家庭的早期影响会给人的一生留下不可磨灭的烙印。中国工程院院士韦钰在接受《中国教育报》记者的采访时说：错过脑发育关键期，损失是一生都无法弥补的，每个人所具有的智力资本和心理健康程度很大限度上取决于脑的功能状态，取决于基因和环境的不断相互作用，与人所处的社会经济环境和教育经历有关，尤其与 0~3 岁孩子的早期发展有关。心理学家弗洛伊德强调童年经验在人格形成中的重要性，认为个人生活的不幸可以在其过去的经验，尤其是童年时期的经验中寻找根源，即大多数心理疾病患者，究其病因往往都可追溯到其童年时期所处的环境和所接受的教育。

人在幼年时期得不到良好的家庭教育而影响智力发展与心理健康的事例不在少数。印度“狼孩”卡玛拉从小被狼叼去，8 岁时被人发现，但其生活习惯已不同于正常人，几乎与狼一样，用四肢爬行、吃生肉、昼伏夜行，后来经过人为的训练，2 年后才能站立，6 年后才可以像人一样行走，4 年内学会了 6 个单词，17 岁时智力水平仅达到 3 岁孩子的水平。

据《中国妇女报》披露，我国南京市一位姓马的工人因患有精神疾病，生怕孩子受人迫害，将自己的三个子女从小锁在家中，不让他们与外界接触长达十几年，致使这些孩子智力低下、言语迟缓，与同龄人的智力及生活能力差异很大。因此，早期家庭教育的作用不容忽视。

中国人民公安大学的李玫瑾教授在对无数罪犯进行心理分析的基础上指出：许多无助，甚至绝望的父母在面对自己养大但已失控的孩子

---

① 苏霍姆林斯基. 给教师的建议[M].2 版. 杜殿坤，编译. 北京：教育科学出版社，1984：502.

时，突然发现孩子变得陌生与可怕，曾经非常乖巧的孩子突然变得凶狠，对其爱已过、恨不行、说不听、骂无用……当他们无奈地说起孩子的问题时，有时往往得到的答案只有一句话“为时已晚”。为什么？因为他们错过了孩子心理教育的最佳时期。李玫瑾教授认为，家庭教育的最佳时期是12岁之前，即依恋期。在依恋期，1～6岁又最为关键。也正因如此，留守儿童问题成为当今社会关注的焦点。多项研究结果表明，留守儿童心理疾病患病率高、犯罪率高等与他们自幼远离父母、缺少亲情，以及家庭环境不良有直接关系。孩子6岁之前，尤其是3岁之前，如果家长没有给孩子打下良好的心理和人格基础，当孩子上了学，突然发现有一大堆问题时，家长就需用更长的时间甚至一生来补偿，还不一定能补得上。

第三节

孩子需要什么样的家

家长须知

父母或其他负责照顾儿童的人负有在其能力和经济条件许可范围内确保儿童发展所需生活条件的首要责任。

——联合国《儿童权利公约》第二十七条

为儿童成长提供良好的家庭环境。倡导平等、文明、和睦、稳定的家庭关系，提倡父母与子女加强交流与沟通。

——《中国儿童发展纲要（2011—2020年）》

要始终坚持儿童为本，尊重孩子的合理需要和个性，创设适合孩子成长的必要条件和生活情境，努力把握家庭教育的规律性。

——《教育部关于加强家庭教育工作的指导意见》

家庭教育是一个极其复杂、系统的工程。古今中外，无论家长的社会地位、经济地位和文化背景如何，要想培养出一个品学兼优的孩子皆非易事。当今社会，孩子难管、学生难教，以及学生厌学、早恋，甚至自杀的现象屡见不鲜，如何让孩子健康成长，成为一个非常棘手的社会问题。如果家长把家庭变成学校的“第二课堂”，承担老师原本应该承担的任务，给孩子增加很多学业负担，也许这样可能会换来孩子优秀的学业成绩，表面上看是“硕果累累”，但是，如果家庭教育只注重培养孩子的智力部分，而忽视孩子的品德教育，就会使孩子失去成长的根基、成人的基础，也便使孩子失去了可持续发展的内在力量。这种缺失将随着年龄的增长和社会参与度的提高，在孩子未来的人生道路上无可掩盖地显现出来，家长的期望也必然难以实现。

所以，真正重视孩子发展的家长不必去当课堂教学的“助教”和孩子学习的“拐杖”，而是应踏踏实实、认认真真地营造自己的家庭小环境。

一、温暖的家——以情感的维系与经营为核心

动物出生后可以凭借遗传和本能获得生存能力，适应自然环境，就连低级动物的幼仔在很小的时候也可以脱离父母独立生活。一只小鸭子被孵出后，无须母鸭指导，也不一定要依靠群体生活，便可以本能地去找水、游泳、觅食、寻找栖息的场所。许多动物有能力遵循自然规律和“丛林法则”在自然界中生存。而人类不具有这种本能，孩子在刚出生的几年，幼小孱弱，不会行走，不能自己进食，不知道哪里潜伏着危险，不懂得如何寻找食物和栖身之地。受生理条件限制，孩子在出生后的一个相当长的时期内生活不能自理，对成年人的依赖期比其他动物长得多。与生俱来的特征决定了这一时期的孩子必须由年长者照料、保护，提供其赖以生存的环境。同时，为培养孩子成为能够适应社会的人，家长还必须对其进行教育、训练。我国法律明确规定未成年人必须由父母或者其他成年人担任监护人，也是基于未成年人与成年人之间彼此依赖、不可分离的关系。

具体来说，未成年人对家最基本的需要包括：① 生理需要，即对衣、食、住等基本的生活条件的需要；② 安全的需要，即对人身安全，免于危险，过稳定、有秩序的生活的需要；③ 爱与归属的需要，即对希望得到关怀，希望自己的感受和情感被理解和接受的需要。

拓展阅读

哈洛的恒河猴实验

心理学家哈洛曾做过一个有趣的实验，他将一个出生不久的小猴子放入一个大房间，里面有两个铁架子，一个铁架子光秃秃的，没有任何装饰；另一个铁架子上缠满了绒布，形似一只母猴，地上还有吃的、玩的。然后观察小猴子是要吃的、要玩的，还是要“母猴”。结果发现，

小猴子看着陌生的房间恐惧地叫了几声，然后就爬上缠满绒布的铁架子，紧紧地抱住“母猴”。只有在饿的时候它才下来吃点东西，然后又会迅速去抱住那只毛茸茸的“母猴”。这一实验证明：幼小的动物虽然需要食物，但更需要的是依恋对象，这种需要超过玩具的吸引力。

哈洛等的研究发现给了我们很多有意义的启示，对改变传统的育儿观产生了积极的影响。父母对孩子的养育不能仅仅停留在喂饱层次，要使孩子健康成长，一定要为他提供触觉、视觉、听觉等多种感觉通道的积极刺激，让孩子能够感受到父母的存在，并能从父母身上得到安全感。“黏人”的孩子有时让人心烦，但是这恰恰说明孩子具有一种积极的情绪——对亲人的依恋。与孩子建立安全的依恋关系是保障孩子心理健康发展的基础。孩子与依恋对象之间温暖、亲密的联系使孩子不仅仅得到生理上的满足，更获得愉快的情感体验。与喂食相比，身体的舒适接触对依恋的形成起更重要的作用。父母与孩子之间要经常保持肌肤接触，如抱抱孩子，摸摸孩子的脸、背等，让孩子通过接触获得安慰，对大一些的孩子也应如此。尽量避免父母与孩子长期分离，长期分离造成的“分离焦虑”对孩子心理的健康发展有明显的消极影响。父母应尽量克服困难，承担起抚养、教育孩子的责任。如果必须分离，父母应与孩子做好沟通。孩子有了安全感，才能逐渐形成坚强、自信等良好的个性品质，成为一个对人友善、乐于探索、具有处世能力的人。

每当熟悉的面孔出现，再得到熟悉的抚养人的拥抱、抚摸，1 岁以内烦躁的孩子就可以安静下来。这种依恋和安全感经常得到满足，婴儿就会有愉快、轻松的感受；相反，婴儿就会有烦躁不安的表现。

案例分析

2017年5月9日，杭州一名交警巡逻时发现一辆违停轿车右侧车窗留着10厘米左右的缝，车门反锁。车内有一个3岁的女孩，女孩满脸大汗，哭得厉害，交警将手伸进车窗缝中打开车门。原来，孩子的妈妈去面试，原本以为不需要多长时间，不料一去就是两个小时。

四川达州的某小区发生了一起意外，一名5岁男童的爸爸、妈妈和爷爷都出门工作了，奶奶见孩子睡着便下楼跳舞去了。男童睡醒后想找奶奶，发现门被锁了，便想从窗户爬出去，结果从20楼掉到19楼悬挂了20分钟，幸好最终被成功救下。

江苏南京市2名女童饿死家中；贵州毕节市5名男孩死于街头垃圾箱内；河南一所学校23名留守儿童倒在歹徒挥舞的菜刀下之后，没有一个父亲到医院看望……

【分析】孩子的意外大多源于父母的疏忽、大意、自大，或者淡漠。父母既然将孩子带到这个世界，就要预测相应的风险，承担相应的责任。卢梭说，孩子生而为孩子，但父母却并非生而为父母。父母要不断学习，适应自己的新身份。

周五晚上，某对夫妻开了半个小时的车到了郊区的父母家。一进门，孩子就冲过来抱着爸爸、妈妈："我好想你们啊，爸爸、妈妈。"吃过晚饭后，孩子把妈妈拉进屋里："妈妈，我不想住爷爷、奶奶这里了。"妈妈问："怎么了宝贝？爷爷、奶奶对你不好吗？""他们很好，但是和他们在一起，我好孤单。""可是，爸爸、妈妈都很忙，没时间照顾你啊！"孩子突然哭了，说："妈妈，我只想和你们在一起……"妈妈很无奈地说："如果爸妈不工作，怎么供你上好的学校？怎么给你买好吃的、好玩的？"孩子哭得更伤心了，说："妈妈，我不想你们赚那么多钱，我不要新衣服、新玩具，我羡慕那些和自己爸妈生活在一起的同学……"

爸爸下班到家，孩子兴奋地跑过去问："爸爸，爸爸，一会陪我玩遥控飞机吧?”“好啊，一会我处理完工作上的事，就过去找你玩，好吗?”吃过晚饭，见爸爸还没来，孩子过去找爸爸。结果，爸爸在上网……再过半个小时，爸爸在洗澡……再过半个小时，爸爸躺在沙发上玩手机，看上去很开心……孩子在爸爸身边撒娇，说：“爸爸，陪我玩一会吧。”爸爸放下手机，问道：“你妈妈在干吗呢?让她陪你先玩一会吧，我还没忙完。”孩子回答：“妈妈在喂弟弟喝奶呢，没空。”爸爸说：“那你去找保姆阿姨玩一会儿，好不好？爸爸没忙完。”孩子默默地走开了，抱起一旁的 iPad 玩起了游戏……

【分析】这样的家是冰冷的，孩子感受不到父母的爱。父母爱孩子，是人之常情，但不是一种自我感觉，更不是单纯地给予物质满足，而是满足孩子内心的需求。这种爱，就体现在父母与孩子在日常生活的互动当中，简简单单、真真切切，让孩子感觉到温暖。

经典语录

家长的言传身教让孩子在被人爱中感受温暖、快乐，从而学会爱身边的人。爱心教育不需要单独安排课程教育，是由现实生活中一个个微小的细节构成，耳濡目染即形成。父母的一言一行会深深地在孩子心里，埋下爱的种子。①

——伊里奇

在情感方面得到满足的孩子，情商往往出众，拥有较强的人际交往和协调能力，这类人往往可以取得较高的成就，因此，家长们要做到：

第一，培养孩子的爱心。家长有必要向孩子说明亲切有礼地待人接物与在学业上出类拔萃同等重要。那些在情感方面得到一定培养的孩子会形成心理学家丹尼尔所说的情感智商，即协调自己与他人需要的能

① 伊里奇．哈佛的教育智慧[M].北京：中国人口出版社，2009：190.

力，这类人有比别人更多的获得成功的机会。贝尔实验室所进行的一系列调查表明：那些取得伟大成就的工程师并不一定是智商最高的，而是那些能与同事进行良好沟通的。

案例分析

我的一位朋友说他还是个孩子时，在交友方面遇到过困难。当时朋友的一位队友受伤了，这位朋友的妈妈坚持要他打个电话问问那个队友感觉怎样。“妈妈。”他反对道，“他甚至不知道我是谁。”“他会知道的。”他的妈妈回答道。这个电话标志着亲密友谊的开始。“我的妈妈让我明白：友谊起源于你对他人所表示的关切，而不是要他人对你表示关切。”

【分析】因为朋友妈妈的坚持，这位朋友在这个过程中学会了与人沟通的前提是爱心，要亲切有礼地对待他人。

第二，多一些表扬和鼓励。我们都知道表扬能让人创造奇迹，过多的批评会导致孩子自责，使他们会为了获得成功而冒险。表扬也有正确的方法与错误的方法之分。大多数父母在批评孩子时喋喋不休，在表扬孩子时却只有三言两语，如“你是个了不起的孩子”，这种评价会使片刻的光彩悄然消逝。因此，表扬应具体些，与其说“你很勇敢”，不如说“我为你摔倒了以后，仍然爬上车而感到自豪”，这便明确地说明了为什么这种行为值得表扬。首先，家长可能比谁都了解对自己的孩子来说什么是重要的，可能是音乐、体育或某一课程，如果不了解，问一问孩子也没什么不对。其次，对孩子来说，一定时间内只能吸收有限的表扬，因此，小量而频繁地给予一些表扬达到的效果更好。

第三，将界限适当放宽。随着孩子的成长，界限自然要放宽些。心理学家埃文索·贝斯索曾描述道：男孩子们第一次碰到玩具卡车时，心里就响起车子开动的轰鸣声，这是与生俱来的，他们想冒险并表现他们所见过的男子汉的力量。男孩子长大后，与他们的界限应适当地放宽些，做母亲的既不要感觉自己被抛弃，也不要感觉自己很懦弱。心理学家埃顿·萃丝在调查了250个学龄儿童后发现：近一半的学龄儿童更想获得一份母亲而不是父亲的工作。贝斯索推测出其中一个原因：学龄儿童更想了解妈妈所做的事，并想参观妈妈的工作地。

第四，指明方向。孩子需要一个道德指南针。这意味着不仅要在重大问题上教育孩子树立是非观，在日常琐事上也要教育孩子树立是非观。

案例分析

一位妈妈看到她5岁的儿子骑着他的朋友——邻居7岁男孩的车子。“汤姆不用这辆车。”他儿子说，“他在学校。”儿子认为自己这么做没什么不对，因为他的邻居朋友不会介意。但这位妈妈坚持让他的儿子把车子送回去，说：“在没有征得他人同意前使用他人的财物是不对的。”

【分析】当母亲对培养孩子的责任感和正直、忠诚品质给予足够的重视时，就为孩子树立了一个正确的价值观，这将成为孩子的无价之宝。最好的道德指南是母亲的行为，如果母亲自己逃避责任，无视他人的权利或者食言，孩子就会失去行为的向导，甚至会说：“妈妈，你就是这么做的。”

二、舒适的家——以营造和谐的家庭环境为目的

经典语录

在真正属于儿童的家里，他们想要尽可能地更加热情和细致，更好地把握自己的行动。就这样，他们不经意间走上了自我完善的道路。我们在他们身上看到了喜悦和完全不同的尊严，令人感动，难以言表，而且他们还向我们表明，这才是他们喜爱的、自然发展的道路。那么，归根结蒂，一个3岁小孩的目标是什么呢？那就是成长。他想要成为人，想要完善自我，想要做所有能够帮助他自我完善的事，或者可以说，他在努力练习，因为练习意味着发展。比如，孩子在洗手的时候感到高兴，并不是因为他高兴洗手，而是因为他需要劳动才能学会行动，既然

行动给他带来生命的价值，那它就是进行各种努力的源泉。[①]

——玛丽亚・蒙台梭利

随着人们收入的增加，许多家庭的生活条件得到了很大改善，住房宽敞了，各种家用电器增多了，这些“硬件”无疑为孩子的成长提供了更为有利的物质生活环境，家长有对子女进行教育投资的能力。

在许多父母的心中，孩子是家庭中最重要的，给孩子买吃的、买穿的、买学习用品，花钱上兴趣班，“再苦不能苦孩子”的观念深入人心。因此，在家庭的“硬件”建设上，不经意间出现了忽视儿童的特殊利益、不利于孩子生存与发展的问题。有的家庭装潢得富丽堂皇，却没有一点“书香气”，甚至没有孩子写作业的书桌；有的家庭按照成年人的娱乐需要装修和布置房间，却没有考虑孩子的成长需要；有的家庭满足孩子的所有要求，为孩子买了无数玩具，殊不知不仅浪费了财力，还在教育子女的道路上迷失了方向。

案例分析

小山的新家装修得非常豪华：真皮沙发、多功能展示柜、仿古餐桌椅、智能家用电器、健身器材、高级音响……可是，小山的课外书却被塞在小小的床头柜里，一盏台灯也为了与整体“搭配”而采用了昏暗的色调……小山一写作业就心烦，妈妈却丝毫没有觉察到给孩子带来的诸多不便。

自从搬进楼房，西西没少挨说、挨打。他委屈得不得了：“我还是和原来一样嘛，也没让妈妈生气，可是妈妈总是嫌我身上太脏，嫌我没规矩。”原来，西西是个活泼好动的孩子，在平房里生活时自由惯了，没有养成整齐摆放物品、穿拖鞋等良好的习惯。搬进新家后，妈妈总是说进门要换鞋、玩具要收起来、别到这来玩、不许动那个……他对妈妈产生了很大的抵触情绪。

① 玛丽亚・蒙台梭利．家庭中的儿童与人格塑造[M].梁海涛，译．上海：上海人民出版社，2018：55.

【分析】有时候孩子在家里不愿意学习、故意“搞破坏”等，或许与家庭环境不舒适有关。家庭环境具有无意识性和偶然性，对于孩子的成长具有重要影响，这些影响对于孩子的成长可能是有利的，也可能是不利的，需要父母加以选择和控制。因此，明智的父母从家庭教育的角度出发，总会有意识地为孩子创设一个良好的家庭环境。

美国教育家杜威曾说：成人有意识地控制未成熟者所受教育的唯一方法，是控制他们所处的环境。他们在这个环境中行动，因而也在这个环境中思考和感觉。成人往往不是直接地对孩子进行教育，而是间接地通过环境进行教育。任何环境，除非它已按照它的教育效果被深思熟虑地进行了调节，否则就它的教育影响而论，乃是一个偶然的环境。一个明智的家庭和一个不明智家庭的主要区别在于，家庭中盛行的生活和交往习惯是不是根据孩子的发展规律确立的。①

家庭环境包括家庭中的一切人、事、物，可以分为物质环境和精神环境。一般来说，家庭物质环境就是家庭成员吃、穿、住、行所需要的一切物品。家庭精神环境也称家庭氛围，是指通过家庭成员之间的互动而形成的人际关系和心理氛围，以及家庭成员的道德观、价值观、审美情趣等。因此，父母应从物质和精神两个层面为孩子创设良好的家庭环境。这里主要谈父母如何为孩子创设舒适的物质环境。

（一）要给孩子创设优雅清净的居住环境

首先，家中要整洁干净，物品要摆放有序。我国近代著名教育家黄炎培在《理想的家庭》中对家庭的物质环境提出了设想：“家产宁无有，有则自置，非传自祖、父。居室朴雅而整洁，入其门，有歌声、琴声、书声……衣服朴雅而整洁……食品不必丰，必洁②”。在这样的环境中，孩子耳濡目染，必会养成简朴、有序的生活习惯。孩子看书、写作业时是否有一个舒适的座位，直接影响其身体发育和学习效果。有条件的家庭最好给孩子布置一间或一角书房，有适合孩子学习的桌椅，配一个书架或书柜。有了这样的环境，孩子在学习时易快速进入状态。一

① 任福全，黄静，王美娜．多元文化背景下大学生理想信念教育研究[J].中外企业家，2012（6）：87-89.
② 余子侠．中国近代思想家文库·黄炎培卷[M].北京：中国人民大学出版社，2015：13.

盏光亮合适的台灯可以保护孩子的视力，这比家庭中可有可无的美化装饰重要一百倍。孩子看书、写字时尽量不用室内照明灯，更不能用装饰灯，应为孩子购置一盏可调亮度、保护视力的专用灯。

其次，室内布置优雅，富有文化气息。这有利于培养孩子的审美能力及高雅的生活情趣。杜威曾说：如果眼睛常常接触形式和色彩华美和谐的事物，审美的标准自然会发展。一个俗气的、没有秩序的和装潢过度的环境会败坏美感，如贫乏而荒芜的环境会饿死美的愿望一样。[①] 我国著名教育家陈鹤琴在《为儿童造良好的环境》一文中提出，要为儿童营造艺术的环境、阅读的环境。父母要为孩子选择有利于艺术审美的物品，在音乐方面，可以购置适合孩子学习的乐器，如钢琴、提琴、吉他、笛子等；在绘画方面，为孩子选择合适的画具、画纸、画笔等，以及适合孩子年龄的绘本和画册；在阅读方面，为孩子选择能激发阅读兴趣和符合年龄特征的图书，建个小小的图书角。如果家庭住房条件允许，可以隔出一个小小的空间，哪怕只有一平方米或者一面墙，搭设一个书架或报刊架，每年都有购书的投入，营造书香气息，让孩子在家中总有自己感兴趣的书可读，孩子可能会因此爱上阅读，并养成读书、藏书的习惯。

最后，生活要有规律，家里安静温馨，让孩子养成健康的生活方式。孩子在家学习时，家长尽量不在家随意招待宾客、进行娱乐活动。

（二）要给孩子创设独立舒适的学习空间

一个良好的学习氛围和环境有利于孩子专注力的培养及良好学习习惯的养成，那么怎样给孩子创设独立舒适的学习空间呢？

首先，好的亲子关系及和谐的夫妻关系是前提，只有在一个充满爱与温馨的家庭环境中，孩子才能静下心来学习。如果父母经常吵架，孩子一般都不爱学习，在这样的环境下成长的孩子很难有良好的学习心态和习惯。在孩子学习的时候，父母也应该学习，以身作则；在家里搭设一个书架，摆放一些经典名著或者适合孩子阅读的书籍（包括学习用书）。在这样的家庭环境中得到熏陶，孩子将会爱上学习，爱上阅读，在学习中获取心灵上的安全感和满足感。作为孩子最好的老师，家长更

---

① 约翰·杜威．民主主义与教育[M].王承绪，译．北京：人民教育出版社，2001：105.

即将上小学的女儿也学着我的模样，端坐在书桌旁，边读边写。（2021年5月拍摄于通辽）

应该在家中做好孩子的榜样，为孩子的终身学习打下基础。

其次，给孩子创设一个独立安静的学习空间，如固定的地方、舒适的座椅、良好的光线和流通的空气等。电脑、iPad等电子设备不要放在孩子的房间里，否则不利于监管。给孩子一个自由活动的空间，让孩子成为这个空间的主人，自己收拾，按照自己的想法自由地布置、自由地活动，不受成年人的约束……让孩子从物质环境上感受到家庭的宽松氛围（父母切忌一边看电视或者聊天，一边指导孩子写作业）。只有在学习时感到身心愉悦，孩子才能更好地爱上学习，才能更加快速地提高自己的学习成绩。

（三）要给孩子营造积极向上的文化氛围

根据孩子的年龄特点，订阅几份孩子喜欢的画报，丰富孩子的课外阅读资源；给孩子购买喜欢的图书，拓宽孩子的知识面；给孩子准备常规的工具书，如字典、词典、百科全书等，让孩子学会自主学习。有条件的家庭，可以专辟一室，建一个家庭图书馆，兼具家庭档案馆的功能，成为一个家庭公共活动区域，既为孩子营造良好的阅读环境，又可以降低家庭成员对电子产品的依赖性。

女儿就读的幼儿园发起了一项“我与图书比比高”活动，趁此机会整理了孩子阅读过的书，女儿很有成就感，笑成了一朵花。（2020年4月拍摄于通辽）

类似这些完善家庭“硬件”建设的做法其实很简单，家长意识到了就能做到，孩子一定能从中受益。总之，家庭物质环境的建设要简朴整洁有秩序、高雅大方有品位，要符合审美原则。正如陈鹤琴所说：在家庭里面，墙壁上的布置、桌子上的摆设，都应该有种审美的意味；甚至房间里的各种用品，等等，都应当放得整整齐齐，不应该随便乱摊乱挂……家里有较好的布置，有审美意味，孩子就能在不知不觉中受到影响，养成良好的审美习惯。

三、和谐的家——以良好的夫妻关系为基础

“家庭”的英文为“Family”，有人对此做了解释：“Family = Father and mother，I love you”。[①] 这一解释不但反映出家庭所包含的深刻意蕴，而且体现出家庭在孩子的成长过程中不可或缺的情感维系作用。一个家庭无论有多少种关系，核心是夫妻关系，对孩子影响最大的是父母之间的关系。夫妻关系搞好了，上对老人、下对子女才能有积极的影响。家庭中的夫妻关系就像盖楼房打地基，决定了家庭整体是否稳固、各种关系是否和谐。正是从这个意义上说，给孩子最好的教育就是爸爸爱妈妈、妈妈爱爸爸。

美国著名脑神经科学家约翰·梅迪纳在西雅图举办讲座时，一位父亲问道：“我要怎么做才能让孩子长大以后考上哈佛大学?”梅迪纳果断地回答：“回家好好疼爱妻子!”梅迪纳曾在接受采访时说：“在美国，学业成就的最佳预测指标，就是家庭情绪的稳定性，而家庭情绪的稳定性在很大程度上取决于父母的关系。如果你真的关注孩子的智力发展，你的第一要务就是爱妻子。”他认为，和孩子保持一种完美的关系并不一定需要保全婚姻，但是拥有一段美满的婚姻，常常会为孩子的成长带来“红利”。

家庭和各种社会组织一样，有自己存在、运行的规则和需求。孩子的成长会受到各方面的关注与影响，而在家庭中，婚姻关系永远是核心。俗话说：“夫妻同心，黄土变金。家事无对错，只有和与不和，家和才能万事兴。”良好的夫妻关系是孩子健康成长的基础，也是形成教育合力的必要前提。家庭需要一对关系良好的父母，只有婚姻关系良好，他们才能同心协力抚养孩子，孩子才能健康成长；只有父母相爱、

---

① 高中建. 当代青少年问题与对策研究[M].北京：中央编译出版社，2008：305.

关系融洽，孩子才会有安全感，才会安心做自己的事情，这样孩子才会在父母的身上学会爱，学会爱自己，学会爱他人。只有夫妻相敬相爱，才能创造幸福家庭，才能培养出情绪稳定的孩子。

在家庭成员关系融洽、家庭氛围良好的环境中成长的孩子，往往对家的归属感比较强。孩子看到父母恩爱的样子，内心会感觉很温暖，会产生一种笃定的安全感和幸福感。同时，家庭的这种温馨和谐的氛围也会传递给孩子，孩子会养成彬彬有礼、乐于助人、尊老爱幼等良好的个性品质。在这样温暖的家庭氛围中成长，孩子就会变得自信，就会有完整的人格，成年后会对婚姻有美好的憧憬及正确的婚姻价值观，人生也会更加阳光灿烂、幸福美丽。相爱的父母，会把这份爱传递给孩子，让孩子在一个和睦的家庭中成长，让爱延续，生生不息、幸福绵长，这才是最好的教育。

根据生态系统理论，家庭是一个有机的整体，是一个复杂的动态系统。如果夫妻之间关系不好，家庭中的成员就会被迫做出不良的反应，利用自我防卫来保护自己。这些即时、自动的防卫方式，既伤害自己，也伤害别人，其中最大的受害者是孩子。孩子是家庭系统中最弱小的成员，他们敏感脆弱、天真善良，有时为了维系家庭，他们不得不牺牲自己的快乐来拯救家庭。

经典语录

成人的幸福是与他在儿童时期所过的那种生活紧密相连的。我们的错误会落到儿童身上，给他们留下一个不可磨灭的痕迹。我们会死去，但我们的儿童将承受因我们的错误而酿成的后果。①

——玛丽亚·蒙台梭利

在现实生活中，我们经常看到这样的情景：夫妻两人关系不和，孩

① 玛丽亚·蒙台梭利．童年的秘密［M］.马荣根，译．单中惠，校．北京：人民教育出版社，2005：21-22.

子担心爸爸、妈妈会离婚，哭得非常伤心。爸爸或妈妈会对孩子说：“这是爸爸、妈妈的问题，与你没有关系。你放心，即使爸爸、妈妈离婚了，我们永远都是爱你的。”但父母离异，怎么可能与孩子没有关系呢？它意味着孩子将要生活在一个不完整的家庭中，过着和别的孩子不一样的生活。

无论是在情感上还是心理上，孩子与父母都有着紧密的联系。孩子很在乎父母的喜怒哀乐，父母发生冲突时，孩子很难置身事外。父母都是孩子最亲近的人，“妈妈生气了”“爸爸不高兴了”最令他们害怕，尤其是关于孩子的问题而引起的争吵，更会让他们惊恐不安，认为是自己犯了错。有的孩子在父母争吵时当起和事佬，劝父母“不要吵”，试图从中调和，而在气头上的父母又很难听进孩子的话，反而对孩子大发脾气，弄得孩子无所适从；有的孩子在父母争吵时变得很乖巧，为的是讨得父母的欢心；还有的孩子渴望父母和睦相处，把对父母的担心深深地埋藏在心底。

很多研究表明，在父母无休止地争吵的环境中成长的孩子，无一不是在惶恐之中度日而感到烦恼和不安，这难免使孩子在心理和品格上出现扭曲：在情感方面，有的孩子会因从小未能感受到家庭的温暖而人情味淡薄，对父母由失望到厌恶甚至仇恨，进而出现反社会行为；在情绪方面，受父母冲突的影响，有的孩子情绪变化激烈，消极情绪往往多于积极情绪，表现为喜怒无常、悲观失望、易发怒、易烦躁等；在人际关系方面，有的孩子会因父母冲突频繁而缺少家庭成员之间友好相处的体验，因此可能不相信人与人之间存在友好亲密的关系；在人际交往方面，有的孩子表现为乐群性差，攻击性行为明显。总之，夫妻冲突，受伤害最大的就是孩子。

夫妻应学习彼此沟通的技巧，以平和的态度探讨问题。如果吵架不可避免，当着孩子的面吵架之后，应当着孩子的面和好，让孩子不再为父母担心，也可让孩子认识到从冲突到和谐的可能性，这对孩子来说是十分重要的。如果孩子了解到是父母某一方主动和好的，也会多一分对父亲或母亲的敬重，学会宽容的为人处世原则。如果父母因为孩子的教育而发生争吵，这样的争吵最好避开孩子，不然很容易使孩子无所适从；有的孩子可能会分别讨好父母，这样易产生一些非正常心理和行为。父母在孩子的教育问题上出现分歧时，最好静下心来分析利弊、分析孩子。比如，对于让孩子学习弹钢琴还是学习弹吉他，夫妻双方的意见不一致时，可以听听孩子或其他人的意见，最终得出夫妻双方都能接受的结论，这样，夫妻双方便能携手把孩子学乐器的事做好，同时可增强夫妻间的和谐度。需要特别注意的是，如果夫妻冲突被孩子看到或察觉到，应该向孩子解释并道歉，绝对不能把孩子作为夫妻间的“出气筒”；即使吵架了，也要表现出对孩子的爱，避免让吵架后的负面情绪影响孩子；尽量向孩子解释冲突虽然是不对的，但是有时难以避免，告诉孩子不要仿效。

四、快乐的家——以与孩子一起玩耍为内容

经典语录

儿童是喜欢古怪与幽默，痛恨迂腐与严肃的。所以，教导应当与欢娱结合在一道，使他们乐于学习日后对于他们真正有用处的正经的事情，使他们的心性永远能被诱导，按照应取的方式去发展。[①]

——夸美纽斯

儿童生性活泼，需要在一个自由、平等、宽松、充满爱的家庭生活环境中成长。在这样的家庭环境中，孩子心情舒畅，精神振奋，容易产生愉快的情绪体验和积极向上的进取精神，有益于充分认识自我，从而充分发挥积极性、主动性和创造性。

（一）父亲在孩子的成长中不能缺位

我国著名科学家钱钟书先生的女儿钱瑗在《爸爸逗我玩儿》这篇回忆文章中描述了父女俩之间的趣事：

爸爸不仅用墨笔在我脸上画胡子，还在肚子上画鬼脸呢！不过他的拿手好戏还是编顺口溜，起绰号。有一天我午睡后在大床上跳来跳去，

① 关颖．家庭教育是什么：家长学习读本[M].广州：广东教育出版社，2018：38.

他马上形容我这样子是："身上穿件火黄背心，面孔像只屁股猢狲。"我知道把我的脸比作猴屁股不是好话，就噘嘴撞头表示抗议。他立刻又把我比作猪噘嘴，牛撞头，蟹吐沫（鼓着腮帮子发出"噗噗"的声音），蛙凹肚。我一下子得了那么多的绰号，其实心里还是很得意的。

爸爸还教我说一些英语单词，如牛、猫、狗、猪什么的。见还有潜力可挖，就再教我几个法语或德语单词。有朋友来时，他就叫我去卖弄。我就像八哥学舌那样，客人听了哈哈大笑。我以为自己很"博学"，不免沾沾自喜起来，连塌鼻子都翘起来了。

父女俩一起做科学小实验，让不善言谈的爸爸和没有片刻安静的女儿在此时此刻都沉迷于科学探究带来的乐趣中。（2020 年 2 月拍摄于通辽）

父亲如此有趣，真是孩子和整个家庭的幸运！即便是知识学习，也融于玩笑之中，体现的是父亲对孩子特点的了解和对知识的融会贯通。快乐的家庭氛围使孩子拥有快乐的能力，进而使快乐成为孩子乐观面对世界的心理基础，这是父母能够给予孩子的最好的人生礼物，也是为人父母最重要的责任之一。

有一本书叫《父亲的影响力》，它以国内外 30 位名人（知名企业家、艺术家、科学家等）的父亲对孩子成长的影响为主题，通过对父亲教子理念及方法的记录，阐释了"父亲的影响力"这个命题的重大意义，生动展示了许多成功者的父亲是如何教育下一代的。这本书中生动的案例都在传达一种理念：父亲粗犷的爱，是孩子认识世界的价值取向；父亲的"男人气质"，是影响孩子性格形成的关键因素；父亲宽广的知识面，是孩子认知能力发展的重要源泉；父亲的言谈举止、举手投足，含蓄地传递着对子女的关爱和影响。可以说，父亲用行动影响孩子的一生，也印证那句话：父亲的格局决定着孩子未来能够抵达的高度。

美国心理学家发现：一个人取得的成就 20%取决于自身后天的努力，80%取决于他的父亲。作为孩子生命中的"重要他人"，同样一句肯定的话如果是爸爸说出来，对孩子的影响力会是妈妈的50倍（我们姑且不去考证心理研究数据的准确性，但有一点很明确，父亲在孩子的成长过程中有巨大的影响力）。妈妈对孩子的影响是孩子能不能成为一个独立的人，爸爸则是塑造孩子对生命的看法，关系到人格的形成和完善。①

《爸爸去哪儿》热播、《摔跤吧，爸爸》的超高票房和上海“发现父亲”论坛的研究倡议都在昭示：“爸爸”是孩子成长中不可替代的角色，爸爸对孩子身心的健康成长有着至关重要的作用。因此，爸爸在孩子的成长过程中不能缺位，而且要站好自己的位置。

（二）教育始于母亲膝下

一个人从小到大，只要有母亲相伴，那么母亲的一切，包括母亲的形象、做人的原则、处事的风格、解决问题的思路和方法，甚至母亲的一言一行，都会在不知不觉中影响着这个人。正如老舍在《我的母亲》中写的那样：生命是母亲给我的。我之所以能长大成人，是母亲用血汗灌养的；我之所以能成为一个不十分坏的人，是母亲感化的；我的性格、习惯，是母亲传给的。

有一本书叫《母亲的影响力》，讲述的是30位名人的母亲育子成才的片段：她们如何在家庭琐事中不辞劳苦，如何在生活细节中身体力行，如何在日常生活中为人处世，如何在求知行事的过程中循循善诱，如何在孩子面临挫折和困难时与之携手走过，以及如何用她们的勤劳和智慧去构筑一个充满阳光的家园。“积极向上”，这是艾森豪威尔的母亲表达的；“要有不灭的信念”，这是卡耐基的母亲表达的；“有希望就有成功”，这是爱因斯坦的母亲表达的；“在磨难中，也要挺起脊梁”，这是霍英东的母亲表达的；“执子之手，育之成人”，这是蔡元培的母亲表达的。尽管描述的这些人物来自不同的国度，生活于不同的历史时期，有着不同的文化背景、家庭出身和成长经历，但是有一点是共同的，那就是母亲对他们成长的影响。

“教育始于母亲膝下。”在孩子成长的最初时期，对孩子影响最大的家庭成员就是母亲。有研究表明，母亲在与子女的交往中，给予最多

① 《值得铭记一生的30段萨提亚心理学名言》，萨提亚实用心理学微信公众号，2017年7月26日.

的是抚育、照料和丰富的情感反应，以及言语教导、具体示范、行为榜样、鼓励指导与错误纠正。其中，母亲对婴幼儿的交往态度，以及丰富而积极的情感交流，对于子女未来形成良好的人际关系、性格特征和健康情感具有奠基性的影响。[①]

如今，生活节奏紧张，孩子们更渴望与母亲一起共度美好时光。

我的女儿已经6岁了，她曾对我说，爸爸妈妈是世界上最好的爸爸妈妈。有那么一刻，我心疼这个6岁的孩子……回忆我能给予她的陪伴，是从她8个月起的每晚睡前故事，每晚7点到9点的完全亲子时间，周六、周日的娱乐放松时间……我希望自己能给予她更多的陪伴，因为我们是她的整个世界。做妈妈是一项责任重大的工作，但并不意味着是一种负担。

---

① 黄河清. 家庭教育学[M].上海：华东师范大学出版社，2014：95.

第四节

优良家风是家庭的精神财富

家风是什么？家庭成员的一句话、一个不经意的举动、为人处世的方式，都是家风的载体，家风是家庭的精神财富，是家庭的灵魂。一个家庭培养出什么样的人，与家风有很大的关系。在历史上那些仁人志士、现实中各行各业的佼佼者身上，总能看到家风的烙印。家风，不是看得见的万贯家财，而是留给子女最有价值的“家庭不动产”，是子女人生辉煌的资本。

一、家风的追根溯源

家风这一名词，最早可以追溯到西晋文学家潘岳的《家风诗》中。潘岳没有生动具体地介绍自己家的家风是什么样子，而是歌颂家族的美好品质和家庭的传统习惯以进行自我激励。家风有丰富的内涵，对于家风的概念界定，很多学者都进行了深入的探究。万俊人认为，家风即作为伦理亲缘共同体的家庭（家族）在长期的家庭生活传承中，逐渐形成和积淀起来的日常生活方式、家庭文化风范和道德伦理品格。[①] 张琳、周斌认为，家风，也称“门风”“父风”等，是一个家庭或家族在世代繁衍发展的过程中，逐步形成的传统习惯、生活方式、行为准则与处世之道的综合体，主要内容是其独特而稳定的思想观念和情操、作风。[②] 罗国杰认为，一般来说，“家风”是一种由父母（或祖辈）所提倡并能身体力行和言传身教、用以约束和规范家庭成员的一种风尚和作

① 万俊人．也说家教家风[N].光明日报，2014-03-03（03）.

② 张琳，周斌．弘扬传统家训文化　培育当代优秀家风：“中国传统家训文化与优秀家风建设”国际学术研讨会纪要[J].道德与文明，2015（3）：156-158.

风。[①]《中国古代生活辞典》中对家风的解释为，家风，亦称“门风”，指一个家族的传统风习，是在家长或主要成员的影响下，自然形成、潜移默化的传统习惯和生活作风。[②] 鲍鹏山认为，家风是一个家族传承下来的体现家族成员独特精神风貌、独特道德品质、独特审美格调和反映出家族整体气质的文化风格，强调家风的归属性是家庭文化。[③]

综合以上学者对于家风的定义可以看出，有的学者侧重家风的教育导向，认为家风是父母或祖辈的“言传身教”，是具有中国特点的源远流长的社会教育；有的学者侧重家风的规范导向，认为“家风是逐渐内化成为人们所遵守的行为规范”；有的学者则侧重家风的价值导向；有的学者则侧重家风的行为导向。可见，目前大多数学者从家风的某一方面特质进行概念界定，从不同视角出发，给予家风不同的定义。

本书中的家风是指一个家庭或家族在长期的演变过程中形成的传统习惯、生活方式、行为准则与处世之道的总和，是用来约束和规范家庭成员的一种风尚和作风。

经典语录

家庭不只是人们身体的住处，更是人们心灵的归宿。家风好，就能家道兴盛、和顺美满；家风差，难免殃及子孙、贻害社会，正所谓“积善之家，必有余庆；积不善之家，必有余殃”。诸葛亮诫子格言、颜氏家训、朱子家训等，都是在倡导一种家风。毛泽东、周恩来、朱德同志等老一辈革命家都高度重视家风。我看了很多革命烈士留给子女的遗言，谆谆嘱托，殷殷希望，十分感人。

——习近平：在会见第一届全国文明家庭代表时的讲话（2016 年 12 月 12 日）

---

① 罗国杰.《中国家训史》序言[J].高校理论战线，2004（1）：63-64.

② 何本方，李树权，胡晓昆. 中国古代生活辞典[M].沈阳：沈阳出版社，2003：846.

③ 鲍鹏山. 家风乃吾国之民风[N].光明日报，2014-02-24（03）.

二、家风的现实价值

（一）家风是民族文明的原动力

中华民族历史悠久，有着深厚的文化底蕴，中华优秀传统文化孕育的家风之所以能数千年赓续不断、生生不息的一个重要原因就是传承。家庭作为传承的主要载体，借助家训、家书等多种方式传承与延续优秀传统文化，培育了一代又一代中华儿女。家风作为其中的重要组成部分，历久弥新。

1. 注重学识和品德修养

家文化是中华民族优秀传统文化中的一颗璀璨明珠，它包含许多重要思想，而最基础的则是修身。家庭的基本构成要素是人，良好家庭氛围的形成离不开每个家庭成员的努力，离不开每个家庭成员修养的提高和奋斗精神的传递。儒家的经典著作《大学》中写道“欲齐其家者，先修其身①”，对于孩子，则是劝子为学、勉子立志和教子立德。

在家庭教育中，古人非常注重孩子知识水平的提高。朱子在其著作《朱子家训》中将读书立为起家之本；北宋的颜之推在《颜氏家训》中专门设立《勉学》篇来教导子孙后代要勤于学业，切勿有其他氏族子弟终日无所事事的闲散态度。清朝名臣曾国藩在给几个弟弟的信中写道“学问之道无穷，而总以有恒为主②”，以此来教导他们学海无涯，贵在有恒。因此可以看出，勤勉学习是传统家风中普遍包含的内容。

当然，立志也是传统家风的应有之义。嵇康在《家诫》中教育后代“人无志，非人也”；诸葛亮用“夫志当存高远”教导外甥要树立高远的志向，并要以“忍屈伸”的毅力去实现理想。左宗棠在他的家书中情真意切地写下了“志患不立，尤患不坚③”的句子，鼓舞他的孩子需立志，更需要坚定志向。

除了劝学、立志，古人更加注重孩子内在品德的养成和精神世界的丰富。他们希望在家庭中通过父母长辈的言传身教，可以培养出遵守社会规范的具有高尚品格的人，这也就是道家、儒家所提倡的“内圣外

---

① 王国轩．大学　中庸［M］.北京：中华书局，2006：7.

② 曾国藩．曾国藩家教［M］.常万里，点评．长沙：湖南人民出版社，2014：179.

③ 王昳，桂雍．千古家训［M］.合肥：安徽文艺出版社，2002：128.

王”，尤其是以仁、义、礼、智、信为代表的个人美德早已深深地烙印在人们的心中。几千年来，“五常”之道逐渐演变成了人们默认的行为规范和基本的道德准则，也成了推动人们不断向上向善的强大精神力量。《孟子·告子章句上》中阐述了“四善端”理论，表明了道德是人和动物的主要区别。西晋开国元勋羊祜身居高位，却不自傲，在教导子女时秉持“恭为德首，慎为行基，愿汝等言则忠信，行则笃敬”的观念，希冀子孙后代可以将这些教诲牢记在心中。也正是在他这样的教育下，他的孩子大多成为德才兼备的人。

2. 重视家庭伦理关系

如果说修身是家文化中最基本的道德规范，那么齐家则是家文化中的核心。从古至今，无论什么时候，家都是人们心中最柔软、最不能割舍的一部分。正确处理好家庭成员之间的内部关系有利于美满家庭的构建，因此，古人在规范家庭秩序和协调家庭成员之间的关系方面也总结出了一些宝贵经验。

一是孝老爱亲。中国有一句古语叫作“百善孝为先”，国外有一些人将中华文化称为孝文化，由此可见“孝”在中华民族家文化中的重要地位。“孝”不仅是指子女与父母相处时应该遵守的一种道德规范，也是一种具有实践意义的行为规范。它最基本的要求是尊敬、爱护父母，并且承担“生要敬养”和“死要礼祭”的责任。《孝经》中对于孝则有着更高的要求，开篇就写到“夫孝，始于事亲，中于事君，终于立身①”，这里将“孝”放在整个社会的框架中。同时，孝不是单向的，它是对双方的要求，“父不慈则子不孝”；孝不是愚孝，它是指有原则的孝。爱亲则是指家人之间要相互关爱，兄弟之间要相互帮助。

二是勤俭治家。想要治理好家庭，仅仅处理好家庭成员之间的关系是远远不够的，还需要有勤俭的治家之道。在自给自足的小农经济时代，人们通过勤劳的耕耘收获果实，这使得人们明白勤劳的真谛。唐代李商隐在《咏史》一诗中写下了“成由勤俭败由奢”这一千古绝句，意在警醒后人切勿骄奢淫逸，定要艰苦奋斗。北宋名臣司马光位居宰相，始终勤俭节约。不仅如此，他还专门写下《训俭示康》给儿子，

---

① 胡迎建．百家规：古训诫子话家风[M].南昌：江西美术出版社，2014：11.

教导他应该以李文靖、鲁宗道、张文节等为典范，从自身做起，行节俭之道，并且教导子孙后代，牢记简朴家风，自觉抵制奢靡之风。

三是睦邻友好。家庭并不是独立存在的，它存在于与人们的普遍交往中。在古代，交通的限制使得宗族、邻里乡亲之间的交往密切，交往过程中的言行举止从侧面体现出一个家庭的精神风貌，也成为构建家庭美德的一个不可或缺的部分。江南郑氏家族被明太祖朱元璋赐以“江南第一家”的美称，其家训《郑氏规范》被后世所传颂，其中部分内容更是被写入了明代的法律之中。该规范中写道“和待乡曲，宁我容人，毋使人容我①”，意思是说邻里之间要以和为贵，要保持宽厚谦恭的态度，要有容人之度量。

3. 治国平天下的美好愿景

小农经济在中国古代数千年的发展中一直占据着主导地位，这也在一定程度上促进了“家国同构”观念的形成。家庭、家族和国家三者不是孤立的，它们之间有着密切的关系。家庭是社会最基本的单元，国家是家庭的延伸，良好的家教、家风可以促进家庭和睦、家族发展，同时也为国家和社会发展奠定坚实的基础。因此，自古以来，人人都重视家教、家风的建设，他们将忠贞爱国、奉公守法、心怀百姓和天下为公等高尚品德融入家庭教育的内容之中。

爱国主义精神是中华民族精神的核心，也是评价一个人的重要标准之一。戚继光 17 岁就继承父业，成为一个能文能武的青年将领，立志为保卫祖国献身，曾写下“封侯非我意，但愿海波平”的诗句。公元 1562 年的福建之战，戚继光率领戚家军冒着巨大的危险，赤膊匍匐前进在海滩上。戚继光亲自擂响战鼓。经过一场激烈的厮杀，盘踞在岛上的大批倭寇被歼灭。戚家军又乘胜前进，把福建沿海的倭寇一一扫平，至此，侵犯我国沿海地区达 300 年之久的倭寇被彻底平定了。中国古代名将、爱国英雄戚继光和他的戚家军为国家立下了不朽功勋。清朝名臣林则徐言“位卑未敢忘忧国”，也展现出了其深沉的爱国情怀。

奉公守法也是中华民族优秀传统文化的重要内容，它不仅仅是对普通公民的基本要求，更是官员的行为准则。为民者要遵守国家的法律制

① 郑强胜．郑氏规范［M］.郑州：中州古籍出版社，2016：131.

度，为官者要做法律的守护者。战国时期的赵奢为人刚正不阿，清廉自守，对待触犯法律的权贵也能做到秉公执法。北宋名臣包拯之所以被后人称为“包青天”，就是因为他清廉如水。同时，他也将这清白家风传给了他的子孙，临终前警示道“后世子孙仕宦，有犯赃滥者，不得放归本家，亡殁之后，不得葬于大茔之中。不从吾志，非吾子孙”。①

唐朝初年杰出的政治家、思想家魏徵在给唐太宗李世民的奏章中写道“水能载舟，亦能覆舟”，意在告诉太宗民乃天下之根本。“居庙堂之高则忧其民”则展现出了北宋时期政治家、文学家范仲淹心怀百姓的高尚情操。在范仲淹第三次被贬后，他修订族规，建立义庄，以期帮助生活贫困的人。他逝世后，尽管朝代更迭，时代变迁，范氏后人仍不改初心，谨记家规，秉承遗志，坚持行善，救助百姓。

拓展阅读

中国家训文化对当代家庭教育的启示（节选）②

中国家训文化内容十分丰富，它涉及家庭教育的方方面面。在几千年的历史进程中，家训文化在培养适应自然经济发展需要的人才、塑造民族文化心理、传承优秀文化和维护社会稳定等方面，发挥了极其重要的作用，具有积极的人生价值和社会价值。中国家训文化在以下几方面可以为当代家庭教育提供可资借鉴的价值：

1. 爱与教的关系

历代家训提倡爱与教结合，反对溺爱、宠爱，放纵失教。《颜氏家训》对此做了深刻阐释：“吾见世间无教而有爱，每不能然，饮食运为，恣其所欲，宜诫翻奖，应呵反笑，至有识知，谓法当尔。骄慢已习，方复制之，捶挞至死而无威，忿怒日隆而增怨，逮于成长，终于败德。”

2. 德与智的关系

中国文化是一种伦理型文化，家训文化作为主流文化在家庭领域的

① 巩宸宇．清心治本 直道谋身：读包拯三十七字家训[J].党课，2016（11）：78-79.

② 尹旦萍．中国家训文化对当代家庭教育的启示[J].江汉论坛，2001（12）：57-59.

反映，十分强调伦理道德，教育子孙追求高尚的道德，做一个顶天立地的人。如“立身，要须勤俭资身”“持身谦逊而不敢虚骄”；做到“静以修身，俭以养德，非淡泊无以明志，非宁静无以致远”。历代家训也十分重视智慧、能力的培养，认为“有学艺者，触地而安”，强调“大志非才不就”。

3. 气节与利益的关系

中国传统文化崇尚气节，重视情操。历代家训作为主流文化在家庭领域的体现，始终不忘教育子孙贵名节，反对为了私利而奴颜婢膝、不讲气节。

4. 教子与律己的关系

历代家训认为，家长要求子孙后代做到的，首先得自己做到，以身作则，把律己与教子统一起来。

5. 为己与为国的关系

在教育目标上，家训文化认为，“修身、齐家”本身不是目的，实现“治国、平天下”才是最高理想，教育子孙后代要有胸怀天下的担当意识。

家训文化是一个不断发展的文化体系，今天的家庭教育思想也是中国家训文化的一个发展阶段，传统的家训文化是我们创建符合新时代要求的家训文化的背景和起点。

（二）家风是家庭发展的核心

2016 年，在会见第一届全国文明家庭代表时习近平总书记强调：“中华民族历来重视家庭……无论时代如何变化，无论经济社会如何发展，对一个社会来说，家庭的生活依托都不可替代，家庭的社会功能都不可替代，家庭的文明作用都不可替代。”① 家风作为一个家庭发展的核心，是需每位家庭成员遵守、实施、传承的行为准则。随着时代的进步，家长基本上都接受了良好的家庭教育和学校教育，有了一定的知识储备，是社会发展中的坚实力量，具有时代创新精神和意识。因此，家长应关注和力行家庭教育。家庭成员树立共同建设的意识，会带来正面的、积极的影响，并促使家庭成员树立正确的价值观和人生观。家风作

① 习近平．习近平谈治国理政（第二卷）［M］.北京：外文出版社，2017：395.

为一种或显性，或隐性，或半显性半隐性的风尚和作风，在家庭建设中尤为重要。家庭是孩子成长和接受教育的重要场所，以良好的家风指导家庭建设，能让孩子从小养成良好的习惯，身心和谐发展，健康成长。

（三）家风是孩子健康成长的保障

家风是在家庭中建设的，影响着每一个家庭成员。家风建设是一个动态的过程，需要每一个家庭成员的认同和遵守。一个好的家庭教育环境对孩子的成长非常重要，而家庭教育中最重要的实施手段就是进行家风建设。在家庭中形成良好的家风，家长能身体力行地对孩子进行引导，给孩子营造一个积极乐观的家庭环境，是孩子全面健康成长的保障。孩子在成长初期最擅长的是模仿，如模仿身边大人说话和做事的方式，所以家长应树立好榜样，使孩子在不知不觉中汲取能量，健全人格。孩子是家风建设的受益者，家风建设也离不开孩子的参与和建设。参加家风建设能让孩子从小养成良好的行为规范，具备积极的处世态度，学会待人接物的方式。家风建设对孩子的成长有积极的影响，这些影响可在日常生活中直观地体现出来。因此，家风建设的现实价值是长远的、持久的，对孩子的成长来说，更是基础的、必不可少的。

拓展阅读

梁启超是我国近代著名的思想家，他有九个子女，其中梁思成、梁思永、梁思礼是院士，其他子女中有经济学家、诗词研究专家、图书馆学家、著名社会活动家、全国政协委员、参加过新四军的老革命家……号称“一门三院士，满庭皆才俊”。有人说：“中国最精英的家庭，一定就是他们家了吧！”也有人称赞梁启超是中国“最牛老爸”！的确，九个儿女，个个是国家的栋梁，这与梁启超对子女的悉心教育和影响密不可分。但和别的大家族不同，梁家没有成文的家规家训，梁启超和他的夫人言传身教，将一生不变的家国情怀融入了梁家几代人的血脉。

梁启超毕生爱国，他的爱国思想影响着子女。他的九个子女中，有七个曾到外国留学，虽然当时中国处于战乱之中，但梁启超的子女们都义无反顾地放弃国外优越的生活条件，学成后全部选择了回国。小儿子梁思礼在谈父亲对他的影响时提到“爱国”和“趣味”。他说，父亲从小就给我们讲南宋名臣陆秀夫背少帝投海等故事，长大后也教导我们要“爱国如家”，我们传承了父亲的爱国基因，都有一颗爱国的心。

趣味也是梁启超留给后代的遗产，他曾说过：“我生平对于自己所做的事，总是做得津津有味，而且兴会淋漓。什么悲观、厌世，这样的字眼，我所用的字典里头可以说完全没有。”他说：“凡人必须常常在趣味之中，生活才有价值。若哭丧着脸挨过几十年，那么生命便成为沙漠，要来何用?”孩子们也传承了父亲的这种精神，每个人都很坚强、乐观，富有人情味。正是有了兴趣，子女们在生活和工作中得到了乐趣，也才有了在自己喜欢的领域深入钻研和可持续发展的动力。梁思礼从研究导弹控制扩展到研究计算机应用，都是趣味驱使。①

正是梁启超的教导和身体力行，良好的家风才得以传承。家风正才能子孙兴，在梁启超的家庭中得到了最好的印证。

家风具有特殊的育人功能：一是导向功能。高尚的家庭文化是方向，是理想，是家庭为之努力的目标。二是制约功能。家规家训等体现家庭文化的特定规范，一旦深入人心，就会对家庭成员的言行具有制约力，这种制约力越大，越轨行为就越少。三是凝聚功能。家庭价值观被家庭成员认同，就会成为家庭成员的黏合剂，促进家庭和睦，这样家庭的向心力就大、离心力就小。四是激励功能。一个家庭的家风正，家庭成员便会心情舒畅、幸福愉快；良好的家庭氛围又会激励家庭成员积极建设家庭，为更好地学习、工作提供有力支持。

三、家长引领家风的传承与创新

中华传统文化带有鲜明的时代的烙印，家风始终是社会发展中的重要组成部分。“不论时代发生多大变化，不论生活格局发生多大变化，我们都要重视家庭建设，注重家庭、注重家教、注重家风。”②

---

① 范学芝．梁启超：一门三院士　谱教育华章[J].好家长：青春期教育，2014（2）：4-5.

② 习近平．在2015年春节团拜会上的讲话[N].人民日报，2015-02-18（02）.

案例分析

有些家长在对孩子解释某些行为时，常说一句话：“反正没人看见。”例如，孩子在公园里游玩的时候想上厕所，家长却对孩子说：“就在这吧，反正没人看见。”孩子想要随地吐痰，家长却对孩子说：“没事，反正没人看见。”过马路时闯红灯，家长却对孩子说：“快点走，警察没看见。”……

【分析】好的行为习惯是在潜移默化中一点一点养成的，家长的身教比言传更能影响孩子。父母就是一面时刻立在孩子眼前的“镜子”，所以，家长是孩子的表率。要让孩子遵守规则，家长必须自己先做到，要让孩子感受到任何事情都是有原则、有规矩的，大人、孩子都应该遵守。

教育家苏霍姆林斯基曾说过：“每个瞬间，你看到孩子，也就看到了自己；你教育孩子，也就是教育自己，并检验自己的人格。”由此可见，家庭教育的影响是十分深刻的。家长应在家庭中树立好榜样，以积极正向的态度来影响孩子，这样就能够在无形中建设家风，促进个人发展。电视或者媒体上有关榜样的节目，如《感动中国》《最美家庭》《榜样》等，其实都是在宣传榜样的力量和传扬家风。

经典语录

家长特别是父母对子女的影响很大，往往可以影响一个人的一生。中国古代流传下来的孟母三迁、岳母刺字、画荻教子讲的就是这样的故事。我从小就看我妈妈给我买的小人书《岳飞传》，有十几本，其中一本就是讲“岳母刺字”，精忠报国在我脑海中留下的印象很深。

——习近平：在会见第一届全国文明家庭代表时的讲话（2016 年 12 月 12 日）

（一）培育正确的价值观，把握传承家风的方向

以家庭的价值观为核心的家庭文化必然影响着家庭成员的价值取向。对孩子来说，他们不能选择降生于什么样的家庭，也就是说，父母在组建家庭时已根据自身的文化特点，为未来降生的孩子准备好了成长的文化环境。在家庭里，年长者尤其是父母的价值观将成为孩子价值取向的主导，当然，随着年龄的增长，孩子的价值观还会从家庭以外的同伴和自己的社会生活体验中获得。在孩子的成长过程中，尽管有的家庭的价值观会受到挑战，有的会被孩子暂时否定，有的会被永远放弃，但家庭价值观的内核部分往往根植于他们的心中，即使在很叛逆的年轻人身上，仍不难找到其受家庭和父母的思想观念和行为影响的痕迹。

培育正确的价值观是传承好家风的核心内容。价值观是人们对客观世界的总的看法，体现在言谈话语、举手投足之中。比如，信奉“人不为己，天诛地灭”极端个人主义价值观的人，常常不顾他人利益而追求个人利益，甚至做出损人利己的事；过于看重金钱、把“一切为了钱”当作生活信条和行为准则的人，会经不起金钱的诱惑，将取得更多的金钱作为人生目标。家长的价值观往往是孩子判断是与非、荣与辱的尺度，是孩子做出行为的依据。价值观培育过程中，孩子不是被动的接受者，家长应引导孩子学会自己面对社会现实，对道德现象进行识别、评价，对道德问题进行分析，在解决矛盾和冲突中做出选择，提高道德认知和道德判断的能力。这样才能教导孩子将社会所肯定的道德准则和规范内化，形成符合社会主义核心价值观要求的道德行为。

传统的家风内容不完全适用于当今社会，要使家风建设能够顺利、有效地开展，就需要多方面积极有效地进行家风建设。正如管元元在文章中写道：在处理家庭内外部关系时要践行父慈子孝、兄友弟恭、琴瑟和鸣、睦邻友爱的和谐友好的家庭观。在子孙后代的培养教育方面，要践行和做好诗书传家、博学笃志、谦和好礼、重义守信的修德进业家庭观。在家庭生活治理方面，要积极践行勤俭节约、力戒骄奢、遵守家规的勤勉持家观。从理论和实践上创建新型家风，建设中国特色社会主义家风。[①] 我们应该认识到，传承中华优秀传统文化，加强家风建设对于

① 管元元．新时代优良家风的建设研究［D］.临汾：山西师范大学，2018：7-9.

个人、社会和国家的深刻意义。新时代的家风建设，要在传承传统家风的基础上，创新内容。主流媒体是人们获取重要信息的有效途径，应利用好主流媒体的传播力、影响力，通过广播、电视、门户网站等宣传传承与建设优良家风的重要性和价值。

（二）处理好家庭关系，在人际互动中传承家风

家庭关系相对于其他社会关系，有其自身的特点，主要表现为以下几点：

第一，家庭是以婚姻和血缘关系为基础构成的社会组织。家庭关系的维系主要依赖于情感、道德等要素，血缘关系使得家庭成员间的关系亲密且感情持久、牢固。这是家庭关系最主要的特点。

第二，家庭关系中的亲子关系最为持久和稳定。对个体而言，一般情况下从出生到死亡都离不开家庭，都在特定的亲子关系中扮演着一定的角色，家庭成员之间保持着终身关系。

第三，家庭关系中的代际关系维系着同辈或几代人之间相互交往的良好关系。一些家庭以家谱的形式记录着上至几十代的家庭成员及其之间的关系，并一代代地传下去。

第四，家庭成员之间的权利、义务都为法律所明文规定，如父母有抚养子女的义务、子女有赡养老人的责任等。家庭关系中的夫妻关系等都受到社会道德的监督。

家庭的本质是家庭关系，培育良好家风、处理好各种家庭关系、营造和谐的人际氛围是构建和谐家庭关系的关键。成长在温馨而充满爱的家庭中的孩子，往往认为世界是充满爱的；而在冷漠和无爱的家庭中长大的孩子，往往认为世界是充满敌意的。习近平总书记提出“积极传播中华民族传统美德，传递尊老爱幼、男女平等、夫妻和睦”的观念，“倡导忠诚、责任、亲情”的理念，就是对处理好家庭关系的具体要求。

构建和谐的家庭关系是一门学问，也是一门艺术，其要领是家庭成员之间相互尊重，这是处理好各种关系的前提。无论是对大人还是对孩子，都要尊重其独立的人格和特有的权利，平等相待；还要彼此接纳、彼此包容，以同理心体会他人的情绪，理解他人的立场和感受，站在他人的角度思考和处理问题，承认家庭成员的不完美，大度地面对缺陷与过失，以积极的态度激励和挖掘每个人的自身优势和潜能。

（三）注重家庭礼仪，在规范约束中传承家风

“不以规矩，无以成方圆。”在家风传承中，家规家范是指把正确的价值观内化为家庭日常生活中可操作的、对家庭成员具有约束力的规矩。我国历史上的《颜氏家训》《朱子家训》《温公家训》《袁氏世范》等，在如今依然有重要的传承价值，是我们学习的典范。对每个家庭而言，严明家规家范未必一定写在纸上，也无须板起面孔训人，关键是体现正确的价值导向、时代特征、家庭特点和生活规范。如《朱子家训》既讲勤俭修德的“大道理”，又罗列诸如洒扫庭除、不睡懒觉之类的“细功夫”。《颜氏家训》中“夫唱妇随真和合”“言谈举止有礼有致”等都体现了家庭生活中细微之处的规矩。

礼仪是道德的外化形式，教育部印发的《中小学文明礼仪教育指导纲要》中规定了礼仪教育的目标任务和主要内容，强调“知行统一”“学校教育与家庭教育、社会教育相结合”。在家风传承中，家庭生活日常礼仪的学习和运用也不可少。比如长幼有序，出门进门、上下电梯让长者先走，自己随后；入席、用餐让长者先坐，自己后坐，长者动筷子，自己再动；在一些场合讲话，让长者先说……以这些规则为约束，孩子会懂得尊重长辈、尊老敬老。家规、家范、礼仪是对人的行为的规范，它时刻提醒家庭成员约束自己，注意别人的存在，不可忽视别人的利益，同时有助于自我树立好的形象，增强自信。

（四）构建良好的家庭生活方式，在体验中传承家风

家庭生活方式是构成家庭文化氛围的要素，在家庭中为孩子创造好的成长环境，才能真正发挥家庭教育潜移默化的功效。家长如何安排自己的工作和生活会对孩子的生活品位产生直接影响。家长积极向上、崇尚科学、热爱学习、爱好广泛对孩子是一种潜移默化的教育，在这样的家庭氛围中成长，孩子也会拥有高尚的品格。从这个意义上说，家长以健康、科学的方式安排好家庭生活，为孩子创造机会，让他们在日常生活实践中，特别是在身边的小事中体验美好生活，是传承好家风的重要途径，对孩子是一种无声的教育，这个体验过程是学校和社会教育机构都不具备的优势资源。在家庭这个真实的环境中，孩子通过继承良好家风可以理解、体验生活的价值和意义；与此同时，家庭为孩子提供许多自我表现、自我实现的机会，成为孩子未来独立投身社会的“练兵场”。

经典语录

广大家庭都要重言传、重身教，教知识、育品德，身体力行、耳濡目染，帮助孩子扣好人生的第一粒扣子，迈好人生的第一个台阶。

——习近平：在会见第一届全国文明家庭代表时的讲话（2016 年 12 月 12 日）

（五）提升自身素质，在身体力行中传承家风

传承家风蕴含于日常生活之中，不仅仅是教育者有意识地直接对受教育者施以教育，更多地表现为长者的示范作用。家长对孩子的教育分散于家庭生活的各个方面、各个环节，从物质生活的吃、穿、用，到精神生活的传家风、立家规、人际沟通，以及文化生活的读书、娱乐休闲等，都包含教育的因素。在家庭中，家庭成员各种社会观念和行为方式都会无意识地流露出来，往往没有掩饰，对孩子会产生深远的影响。因此，家风传承的这一特点促使家长提高自身素质。首先，家长要学习和把握中华优秀传统文化和家族中好家风的精髓，将其转化为自身的价值观和行为，努力在生活中践行，在孩子面前做好每一分钟的“现场直播”；其次，家长应挖掘家庭中的教育资源，将其具体化为家规、家范，并落实在日常生活的点点滴滴之中，融入家庭教育的每一个细节；最后，家长应发挥自身在家庭中无可替代的作用，协调好各种家庭关系，激发所有家庭成员的内在动力，共同传承家风。

第二章

了解家庭教育的基本问题

第一章重新审视了家庭的重要性，本章将从家庭教育的基本问题入手，提高对家庭教育的认识。

有的家长为了使孩子生活得更好而拼命挣钱，将大把的金钱和时间连同自己的孩子都交给了别人，使得孩子有家，却缺少了家的温暖、家的和谐、家的快乐。

有的家长把家庭教育理解为学习知识，把家庭当作学校的“第二课堂”，自己成了老师的“助教”，使孩子变成“考试机器”“分数傀儡”，却不了解“要成才先做人”的道理。

有的家长全身心地爱孩子，让孩子在自己精心设计的轨道中一点一滴向未来迈好每一步，甚至以“牺牲”自己为代价。可是，他们并不知道孩子是一个独立的个体，需要被尊重，没有尊重的爱不能称为真正的爱。

有的家长时常抱怨学校教育不尽如人意，抱怨不良的社会环境“污染”孩子，却不清楚家庭才是对孩子影响最直接、最深刻的小环境。家长心态平和、家庭环境宽松就是给孩子“减负”，孩子才可以过滤和抵挡社会上的不良风气。

有的家长努力学习各种教育孩子的方法，寻找家庭教育的“秘籍”“妙招儿”，以至于对某些“专家”、教子成功的“名人”及“万能”的教育机构趋之若鹜，却不知道只有加强自身素养，才能在冷静、正确、果断的判断下解决问题。

正是因为上述问题的存在，才有必要从家庭教育的基本问题入手，明确“家庭教育是什么”。

第一节

家庭教育有章可循

家庭教育作为启蒙教育，对儿童的健康成长具有重要而深远的影响。科学的家庭教育观念、正确的教育方式方法，不仅对儿童个体的发展具有极大的促进作用，还关系到整个社会的进步与发展。这使得社会上家庭教育这块“蛋糕”越做越大，总有一些人说自己有解决家庭教育问题的“万能钥匙”。

案例分析

一块“××市首个‘父母大学堂’实践基地”的广告牌上赫然写着：“为广大父母传授成为成功爸妈的途径和技巧。”“一天读懂孩子，一个月读懂自己，三个月父母爱上孩子，六个月孩子爱上父母，孩子教育不用愁!!!”。

【分析】无论这个基地怎样宣传自己的“专家团队”，稍有点科学常识的人，一眼就能看出这个基地根本不懂什么是家庭教育，因为家庭教育这把“锁”要靠家长自己开，家长要先了解家庭教育是什么，才能找到开“锁”的钥匙。

一、家庭教育的理论基础

（一）家庭教育应把握儿童发展的“关键期”

最早提出“关键期”（critical period）的学者是奥地利著名习性学家劳伦兹（Lorenz K，1937），他在对动物印刻（imprinting）行为的研究中发现了“关键期”。例如，小鹅通常在出生后第一天或第二天，就能获得它们的母亲或这一物种所具有的明显特征——跟随，这一现象就

是“印刻”。在动物早期生长发育过程中，某一反应或某一组反应在某一特定时期或阶段最易获得和形成，如果错过这个时期或阶段，就不容易再出现这样的“好时机”，这个“好时机”即“关键期”。在关键期，生物有机体出现一些特有的行为，如鸟儿学习鸣叫、新生儿建立与母亲之间的依恋关系、儿童掌握语言、儿童发展与他人的社会关系等。关键期对于儿童早期的教育与发展具有重要的意义。精神分析理论的鼻祖弗洛伊德及许多早期发展心理学家都认为，早期经验对于成人的行为具有非常重要的意义，这一说法与关键期理论是相互支持的。支持发展阶段理论的学者也认为，在一特定阶段，儿童对某一种经验特别敏感，比如，在生命的第一年，他人满足自己的需要对信任感培养有一定的作用（Erickson，1950）；在感知运动阶段，儿童对动作进行练习和探究（Jean Piaget，1970）。格塞尔的心理学理论指出，每一种经验的出现有相应的心理准备，即如果一种经验在适当的时候出现则易被儿童所接受（Gesell，1929）。现代心理学研究也证明，在人的心理发展的不同时期，大脑发育和语言、感知觉、抽象思维、人格发展等都存在关键期。

孩子自出生的那一刻起，就拥有巨大的成长和发展的潜力，但是，这种潜力可能毫无区别地沿着积极的或消极的方向发展。潜力得到支持，就能充分发展；若被忽视，就衰退乃至消逝，这种选择主要取决于父母。5~6 岁儿童接触的主要环境是家庭环境，父母的教养对其身心发展有着重要的意义。掌握儿童身心发展的关键期并适时施教，不仅能充分挖掘儿童的智力潜能，还能为儿童个性品质的发展奠定良好的基础。

（二）人类发展生态学理论

布朗芬布伦纳（Bronfenbrenner）认为，儿童发展的生态环境由若干相互镶嵌在一起的系统组成，包括微观系统、中观系统、外层系统和宏观系统。[①] 比如对5~6岁的儿童来说，围绕着他们的生态环境是其赖以生存和发展的关键条件。按照人类发展生态学的观点对5~6岁儿童的生态环境做一个系统的分析，如图2-1所示。

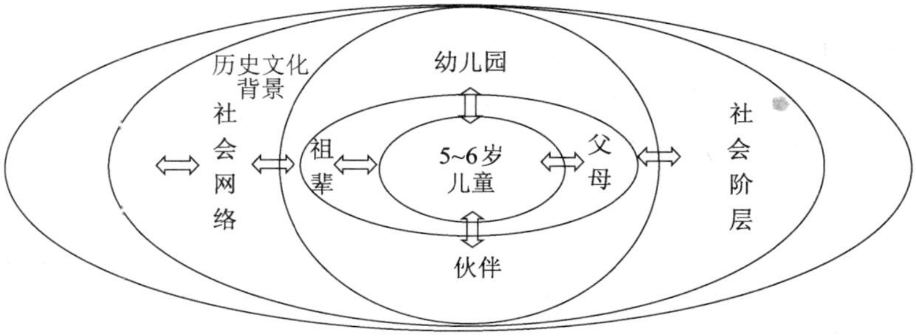

图2-1　儿童生态环境体系模式

由图2-1可以看出，儿童的生态环境首先是父母与家庭其他成员组成的微系统。家庭是儿童生存和发展的基本环境，父母为儿童的生存和生长提供了最基本的条件。本书以儿童家庭教育状况为切入点，考虑家庭关系结构的特点。从孩子出生起，家庭就为他提供了一个以亲子关系为核心的家庭关系结构，如父母、兄弟、姐妹、祖父母等。在家庭关系中，母子关系对孩子的发展起首要作用。父亲的作用、子女的数量、祖辈家长的地位和影响、家庭结构形式等共同编织的关系网络，是形成家庭动力关系及其不同风格的来源。其次是由幼儿园和伙伴组成的中间系统，最后则涉及更广的外部系统（指社会网络和社会阶层）和宏系统（历史文化背景）。这四个系统不是孤立地起作用，而是形成一个复合体系，直接或间接地为儿童的生存和发展提供条件并进行干预。无论是家庭对儿童生存和发展的直接作用，还是社会有关儿童的设施和组织，以及历史文化背景的间接作用，在这个生态环境体系中，各个系统都是以一种相互渗透的方式影响着儿童的发展。社会网络各因素和历史文化背景对家庭起鼓励、支持和制约的作用。家庭的社会经济地位，会直接影响父母的经济观、价值观和教养方式。不同的历史文化背景主要在意识形态、教养方式和习俗上对父母起作用。父母的伦理道德观念、教育

① 张文新．儿童社会性发展[M].北京：北京师范大学出版社，1999：16.

教养方式，以及父母在家庭中的地位和职能分工，是构成儿童生长环境的重要组成部分。

从方法论的角度出发，人类发展生态学理论为研究家庭教育提供了一条清晰的思路，家庭“作为一种社会组织，其行为不是孤立的，它由家庭内外相互依赖的方面所构成”。[①] 因此，必须从特定的文化、经济和社会背景去理解和阐释与家庭教育有关的一切现象。

（三）符号互动论

符号互动论（symbolic interactionism）是社会学的基础理论之一，其代表人物是乔治·H. 米德。符号互动论倾向于研究个人和小的群体而不是大规模的社会机构，注重从社会的微观方面来研究人们在日常生活中的交往行为。符号互动论使用一些特殊的、不同的标记为指标去研究团体生活和人类行为，它关注的重心集中在社会化和人格两方面。使用符号去解释人类生存和社会化中的相互作用，能起到解释关系、探明意义的作用。符号互动理论提供了以下三方面的启示：

第一，从方法论的角度看，符号互动论侧重研究个人，常使用定性研究的方法。支持符号互动论的人主张研究处于自然状态的人们的所想、所感，研究方法有现象逻辑法、档案法、人类学方法，相关技术有直接观察、深度访谈、翻阅信件和日记、参考公众记录、团体讨论等。这些方法和技术是家庭教育研究中最常用的。研究家庭教育不能脱离其自身的性质，不能用一般行为科学的方法去推断人类家庭教育行为，只有将其置于特定的社会背景下才能进行推断。

第二，从个体自身的发展看，符号互动论认为，儿童是被动的又是主动的，他既能传达某种信息，也能理解某种意义。儿童与抚养者之间能相互影响，扮演不同的角色，能够对信号刺激做出不同的反应。正如认知发展理论的代表人物皮亚杰（J. Piaget）所认为的那样，“儿童从一出生就是其自身发展的积极的动因。他积极地从环境中寻找、选择适宜自己的刺激，积极主动地与环境发生交互作用。儿童在这种相互作用中不断地建构着自己的经验系统（认知结构），形成和改变着自己的知识体系。儿童关于客观世界的知识既不来源于主体，也不来源于客体，

① 缪建东．家庭教育社会学[M].南京：南京师范大学出版社，2001：14.

而是来源于主客体之间的相互作用”。[①] 因此，家长在家庭教育中，要从儿童自身发展的特点出发，发挥其在发展中的主动性。

第三，符号互动论强调角色的概念。角色是根据人们存在的社会意义所定义的，诸如双亲、子女、亲属等。角色有两种，一是制度化的角色，体现为一系列社会规范；二是符号互动论的角色，体现为一些期望中的行为。[②] 在家庭教育中，家长要对自己在家庭中扮演的角色有一个正确的认识。此外，对待不同性别的孩子，家长在态度上要一致，不应存在偏见。

二、家庭教育的内涵

对于“家庭教育”的概念，我国家庭教育工作者有不同的看法，分别给出了不同的解释：

《辞海》中的“家庭教育”是指父母或其他年长者在家庭中对儿童和青少年进行的教育。在中国，对儿童和青少年的教育任务虽然主要由学校承担，但确认家庭是教育后一代的重要阵地，父母是儿童最早的“教师”。家长与教师密切配合，统一教育影响，能使儿童、青少年获得全面发展。

《中国大百科全书·教育》中对家庭教育的解释是，父母或其他年长者在家庭内自觉地有层次地对子女进行的教育。

顾明远主编的《教育大辞典》第 1 卷中把家庭教育定义为家庭成员之间的相互教育，通常多指父母或其他年长者对儿女辈进行的教育。

郑其龙等编著的《家庭教育学》中指出，教育是一定社会对新一代有目的、系统的培养……家庭教育是家长对子女的培养教育，它是整个教育的组成部分或分支。

孙俊三等主编的《家庭教育学基础》中认为，家庭教育就是家长（主要指父母或家庭成员中的成年人）对子女的培养教育，即指家长在家庭中自觉地、有意识地按照社会需要和子女身心发展的特点，通过自身的言传身教和家庭生活实践，对子女施以一定的影响，使子女的身心

---

① 张文新．儿童社会性发展[M].北京：北京师范大学出版社，1999：10.
② 缪建东．家庭教育社会学[M].南京：南京师范大学出版社，2001：14.

发生变化的一种活动。

赵忠心在《家庭教育学》一书中指出，狭义的家庭教育是指在家庭生活中，由家长，即家庭里的长者（主要是父母）对其子女及其他年幼者实施的教育和影响。广义的家庭教育应当是家庭成员之间相互实施的一种教育……在家庭里，无论是父母对子女、子女对父母，还是长者对幼者、幼者对长者，一切有目的、有意识施加的影响，都是家庭教育。

从以上对家庭教育的定义不难发现，家庭教育有广义和狭义之分。广义的家庭教育主要是指家庭成员之间的相互影响和教育，因为在家庭生活中，父母不仅对子女施以教育和影响，也会受到孩子的教育和影响。狭义的家庭教育则指的是在家庭生活中，由家长（主要是父母或其他长辈）对子女进行的教育和施加的影响。

本书中探讨的家庭教育，是指发生在家庭生活中，以血缘关系为核心的家庭成员（主要是父母与子女）之间的双向沟通、相互影响的互动教育，包括直接和间接两种方式。直接的家庭教育是指在家庭生活中，父母与子女之间根据一定的社会要求实施的互动教育和训练；间接的家庭教育是指家庭环境、家庭氛围、父母言行对子女成长的深刻影响。

在家庭中，父母对子女进行家庭教育，其教育的过程是家长与孩子双向互动的过程，这一过程受到家庭内成员的特点和关系、家庭内物质环境条件，以及家庭外的因素的影响。我将家庭教育限定在狭义的概念之下，所以在探讨这一过程时主要从家长的角度分析家庭教育的现状，其中以家长教育要素为维度，确定了由五个板块及其因果链所构成的研究框架。这五个板块分别为影响家长教育观念的家庭因素、家长的教育观念、家长对子女的教养态度、家长对子女的教育行为，以及在家长教育观念影响下的儿童身心发展状况，其中，家长的教育观念、教养态度、教育行为三者之间存在教育观念决定教养态度、教养态度决定教育行为的关系。

案例分析

很多年前，在一个小镇上，有三对年轻夫妇，他们在同一天结了婚。他们都希望上帝能赐给他们一个聪明、可爱、勇敢和健康的孩子，男孩、女孩都可以。他们都是很幸运的，一年后他们分别生下了一个小宝宝，从此他们开始了快乐、忙碌的生活。

然而，这三个小宝宝在长大之后却有很大的差异。20年后，这三对夫妇一起来找教堂的牧师。

第一对夫妇说："我的孩子整天充满了暴力，动不动就打架、摔东西，日子简直没法过了。"

第二对夫妇说："我的孩子太懒惰了，每天躺在床上什么也不做，他也什么都不会做，等我们不在了，他该怎么养活自己啊。"

第三对夫妇说："非常感谢上天的眷顾，我的孩子和我们希望中的一样聪明、可爱，真是我们的好孩子啊。"

牧师听完后，感慨万千地对他们说："你们的孩子在20年前都是一样的聪明、可爱，他们让你们感到自豪、快乐。然而在接下来孩子的成长过程中，你们有的人精心教育孩子，而有的人却只是养儿而不教儿。"

牧师停顿了一下继续说："这就像种庄稼一样，春天时上帝分别给了你们一粒饱满的种子。假如你好好照料、精心培育，等到秋天时就能收获硕果；如果你把种子埋在地里之后就不管了，全靠天时地利，那么秋天能收获到什么就很难说了。"

第一对夫妇说："我把孩子送到了最好的学校，为什么还是变成了这样？"牧师严肃地说："孩子教育的第一步不是学校教育，而是家庭教育。你们没有对孩子进行很好的家庭教育，基础没有打好，以后的路怎么可能走好？就像盖房子一样，打不好地基，将来房子就不会坚固。"

三对夫妇都沉默了，从此他们开始对孩子有了新的认识。①

① 赫伯特·斯宾塞. 斯宾塞的快乐教育[M].成墨初，李彦芳，译. 武汉：武汉大学出版社，2014：7.

【分析】虽然只是一则寓言故事，却真实地反映了家庭教育的普遍现象：对儿童来说，教育的第一步不是学校教育，而是家庭教育。家庭教育是孩子成长的基础，父母是孩子最好的老师，是孩子最生动的教材，也是孩子最好的榜样。

三、家庭教育的特征

（一）以亲子为中心

家庭教育中亲子间天然的情感特点是建立在血缘基础上的，是以血缘关系为纽带，任何教育都不可能具有的人与人之间最为亲近的人际关系。“人之情性莫爱于父母”，这是我国战国时期思想家韩非子的名句，说明了人与人之间的感情不可能超过父母与孩子之间的感情。可见，亲子之情在家庭教育中具有强大的感染力和号召力。

家庭成员之间在情感生活上相互影响、相互作用，其感染性主要受以下因素制约：

首先，受父母与孩子之间感情亲密程度的制约。父母和孩子的感情越深厚，认同、感化作用就越强；反之，父母和孩子的感情越淡漠，认同、感化作用就越弱。正如我国古代教育家颜之推所说的那样：“同言而信，信其所亲；同命而行，行其所服。”

其次，受孩子年龄特征的制约。每个年龄段的孩子，都有其特有的生理和心理特点。孩子年龄越小，情感越多变，对父母越依恋，父母的感染作用越大，家庭教育的效果越显著；反之亦然。

案例分析

有对夫妻经常在女儿面前吵架，甚至吵闹着要离婚。当教师要求以“我的一家人”为主题画画时，这对夫妻的女儿画出了这样一幅图：一个高举着拳头、站立着的爸爸，一个火冒三丈、在另一侧站立着的妈妈，两人中间有个瘦小的女孩躺在地上。教师看了这幅画以后，不解地问她：“这个小女孩在干什么？”她说：“这个小女孩快要死了。”教师又问她：“为什么这个小女孩快要死了？”她说：

"因为她的爸爸、妈妈马上就要离婚了。"

【分析】通过这幅画和女孩吐露的心声，我们可以看出，孩子对于父母感情的变化是非常敏感的，孩子的情绪受到了严重的影响，出现了情感上的消极共鸣现象。俗话说"孩子的脸是父母关系的晴雨表"，也是这个道理。

亲子关系是一种天然的血缘关系，具有不可选择、不可随意解除的特性，除此以外，还有社会关系、经济关系、伦理关系等，这些关系受法律保护。所以父母必须履行对子女的抚养、教育职责，这就决定了父母是家庭教育的主角。家庭教育不是简单的"你听、我说"的说教，而是家长为孩子创造良好的家庭环境，营造民主和谐的家庭氛围，是陪伴、倾听、启发孩子，用生命影响生命。从这个意义上说，家庭教育的过程也是父母在与孩子的互动中学习和自我完善的过程。父母的素质及父母与孩子良性互动的程度，决定了家庭教育的水平。

（二）伴随家庭生活而进行

家庭教育是在家庭中发生的，它的内容、方式和意图蕴含于日常生活之中，不仅具有针对性，还具有随机性。

家庭教育的针对性是指父母对子女的教育有的放矢，从实际出发，做到因人、因时、因环境的变化而随时调整自己的教育内容，选择适当的教育方法。"知子莫若父"的意思是没有比父亲更了解儿子的了，形象地反映了最了解孩子的人不是别人，而是作为一家之长的父母。绝大多数孩子出生后就开始和父母朝夕相处，父母有大量的时间和机会去观察孩子的言行，了解孩子的喜怒哀乐，从孩子的特点出发有针对性地施加教育。例如，某位妈妈在和孩子交谈的过程中，发现孩子在幼儿园不会交际，经常被小朋友欺负而又不敢告诉老师。这位妈妈及时帮他分析问题，告诉孩子遇到自己解决不了的问题要向老师求助，并且这位妈妈及时和老师沟通，帮助孩子积极地与小朋友交往，老师同家长共同商议促进孩子人际交往能力发展的策略，以提高孩子人际交往方面的能力。

家庭教育的随机性是指家长对子女进行教育时，教育内容和教育方法并没有固定的模式和程序，即所谓"教育有法，教无定法"。这就使得家长的人生观、价值观、职业观、文化观、儿童观和教育观等在家庭教育中发挥出关键性作用，因为在儿童的成长过程中，各种社会观念、行为都会影响孩子，只有家长敏锐而机智地抓住教育时机并予以正确引导，才可避免消极因素而强化积极因素对儿童的影响。行为习惯的养成不是一朝一夕的事情，家庭教育不受时间和空间的限制，可随时随地对孩子进行教育。“遇物则诲，相机而教”是我国家庭教育的优良传统，如今仍应继承发扬。家长既可在生活、交往、消费等多种家庭活动中对孩子施加相应的影响，也可选择家庭活动之外的场所和时机，多角度给予孩子及时的教育。

经典语录

你们自身的行为在教育上具有决定意义。不要以为只有你们同孩子谈话，或教导孩子、命令孩子的时候，才是在教育孩子。在你们生活的每一瞬间，甚至当你们不在家的时候，都在教育着孩子。你们怎样穿衣服，怎样跟别人谈话，怎样谈论其他的人，你们怎样表示欢欣和不快，怎样对待朋友和仇敌，怎样笑，怎样读报——所有这些对儿童都有很大的意义。①

——马卡连柯

（三）带有终身教育色彩

人的一生都在进行由自然人转变为社会人的社会化过程，这是一个庞大而漫长的系统工程，这一系统工程离不开家庭。孩子到了而立之年、不惑之年、知天命之年，只要上有双亲、下有儿孙，便有家庭教育存在。孩子从家庭到学校，无论是生活环境、教育内容，还是教师、同伴等都会发生很大的变化，但家庭的生存空间、教养条件、家长自身的情况等，一般来说不会有太大变化。家庭生活的稳定性和连续性本身就

① 马卡连柯．马卡连柯教育文集（下卷）［M］.吴式颖，等编．北京：人民教育出版社，2005：486.

是在对孩子进行一致性和一贯性的教育，它能够持续不断、反复地对孩子进行教育，有利于孩子形成良好的行为习惯和性格。并且，随着孩子年龄的增长和生理、心理特点的变化，家长可以逐步提高对孩子的教育期望和要求，调整教育内容，由浅入深、循序渐进地促进孩子发展。这种时间上的连续性、内容上的广泛性、教育者与受教育者的自主性相统一，构成家庭教育的终身性特征。

拓展阅读

颜之推的家庭教育思想①

……

二、教育子女应严而有慈，不因宠而失教

颜之推提出，父母对待子女，如能既有威严而又慈爱，子女对待父母自会尊敬孝顺。反之，如果父母只知爱而不知教，对子女的饮食行为任其所欲，听其所为；为此行之日久，他会认为这是理所当然。等到骄纵成性，再想改变，即使怎么打骂，也只能增加子女的怨恨，而不会树立父母的威严，这样长大之后子女必成败子。而且，他还教人对子女不宜偏爱。说子女“贤俊者自可赏爱，顽鲁者亦当矜怜”，这种平等对待子女的教育思想，值得今人借鉴。

父母必须克服对孩子的溺爱，对孩子严而有度。现在的独生子女都是父母的掌上明珠，父母往往呕心沥血为孩子营造安乐窝，让孩子吃好的、穿时髦的，孩子自己的活儿也由父母代劳。这些家长把溺爱当作了爱护，殊不知在安逸舒适环境中长大的孩子，往往经不起挫折，受不了委屈。家长对孩子要严格要求，但也应注意严而有度。要根据孩子不同生长阶段的心理、生理特征，对孩子提出适当可行的要求，不能要求过高，也不能操之过急。

而且，家长对孩子的教育必须统一。在有些家庭教育中，父母一个

① 曹麦玲．略析颜之推的家庭教育思想及其对当今家庭教育的启示[J].陕西师范大学学报（哲学社会科学版），2001，30：310-312.

严一个松，这个管那个护。这不仅使教育影响互相抵消，而且会使孩子无所适从，是非不分。同时，家长必须与学校、社会对孩子的教育达成一致。学校要求学生生活自理，学会干家务活，家长却不让干。多数家长把智育摆在首位，要求子女把全部时间花在学业上，认为只要学习好就行了，忽视了对孩子道德品质的教育。

三、主张人的一生必须勤学以求上进，否则堕落而为凡人

《颜氏家训》中《勉学》篇，联系当时的社会风气，反复教人刻苦学习、以勤为本。颜之推说人在小时，“精神专利”，自当“早教”，及至成年，“体性稍定”，尤应抓住这个天然的时机，加倍学习、磨炼，以成就事业。他说人在社会上，总要学得一项工作，如果不肯学习，“饱食醉酒，忽忽无事，以此销日，以此终年”，与其如此受辱一生，“何惜数年勤学”。《颜氏家训》不但勉励子弟自幼即须勤学，即至年老体衰，犹当晚学不倦，不可自弃。颜之推说：“幼而学者，如日出之光，老而学者，如秉烛夜行，犹贤乎瞑目而无见者也。”他还举了许多古人勤学的事例，劝人自幼至老，学而不厌，以至于终生。

教育孩子以勤为本是我国家庭教育的成功经验。古语说：“勤以立志，俭可养德。”勤劳、节约是我国传统的伦理观念。因此，家长首先要注意从小培养孩子爱劳动的习惯和勤俭节约的作风，克服当前社会上青少年懒散、浪费的现象。对孩子来说，劳动至少有4种：一是自理性的劳动，如洗手帕、洗衣服、整理被褥；二是家务性的劳动，如打扫卫生、煮饭洗碗；三是公益性的劳动，小的如帮助孤寡老人和幼小儿童，大的如参加社会公益劳动、植树绿化、清理河沟；四是生产性劳动，如种菜摘果、搬运装配等。

当然，我们不能以牺牲孩子的今天为代价来换取明天。许多过于担忧和心急的家长不惜花费大量的精力与财力，把孩子的时间用各种学业填得满满的，把孩子的童年无情地剥夺掉，这种对“勤”要求的过度，后果只能像法国教育家卢梭所说：大自然希望儿童在成人以前就要像儿童的样子，如果我们打乱了这个秩序，就会造成一些果实早熟，它们长得既不丰满也不甜美，而且很快就会腐烂。保护孩子童年的欢乐，并不是让孩子衣来伸手、饭来张口，而是要教育孩子正确地学习、快乐地生活。

四、重视环境教育的作用

颜之推认为环境对人的影响很大。儿童的习惯，多半是受了左右近习之人的影响而形成的。他说：“人在少年，神情未定，所与款狎，熏渍陶染，言笑举动，无心于学，潜移暗化，自然似之款……是以与善人居，如入芝兰之室，久而自芳也；与恶人居，如入鲍鱼之肆，久而自臭也。”也就是说，人在年少的时候，心神还没有定，与关系较好的人在一起，熏陶渐染，潜移默化，其言笑举止，虽然无心学习，却自然相像，何况是有意学习的那些较为明显的操行艺能呢？所以说与品行端正的人在一起，久而久之，自己也耳闻目染，形成良好的品德和行为习惯；反之，自己也染上恶习，甚至走上邪路。这就是“必慎交游”的道理。

……

（四）教育内容具有全面性和可持续性

家庭教育是伴随家庭生活、对人的一生产生影响的教育，因此其涉及孩子生存和发展的方方面面，而且不仅仅是为了当下，更注重的是为孩子的可持续发展打下基础。家庭教育的全面性是学校和社会教育机构等教育载体远不及的。学校教育按照我国的教育方针和政策有目的、有计划地对儿童、青少年进行教育，具有规范化的知识体系和教育内容；社会教育涉及不同的领域、满足孩子特定的学习需求，如各种兴趣班；家庭教育不仅涵盖我国教育方针提出的“德、智、体、美等方面全面发展”，还有基本生活技能、良好行为习惯、积极的心理状态、良好的社会适应性、为人处世的本领等，这些内容会对人的一生产生非常重要的影响，可以说，家庭教育是一种“全人教育”。

家庭教育更注重人的可持续发展。在家庭生命周期的每一个阶段，家庭的人口、年龄、需求等因素是不同的，所以父母的角色、职责、与子女的互动内容和方式也随之变化。家庭教育贯穿人的一生，是从婴幼儿、青少年教育到中老年自我教育的有机衔接和统一，前一阶段是后一阶段的基础，后一阶段继续前一阶段的成效。

在家庭教育中，教育者与受教育者的自主性相统一。家庭教育不是单纯的知识传授，也不是教育者对受教育者的单向说教，而是以双方互动为鲜明特征的教育，绝不是家长的独角戏。在对子女进行教育的同时，家长也在不断地自主学习。无论是大人还是孩子，每个人都是自主的学习者，也是教育者和受教育者。这是现代社会终身教育的本质特征，体现了代际之间新型、平等的关系，更有利于每个家庭成员的主动发展、全面发展和可持续发展。从根本上说，教育孩子的过程也是父母学习的过程，是大人与孩子共同成长的过程。对孩子来说，学校教育和社会机构的教育是有阶段性的，无论是小学、中学、大学，还是参加各种培训班，都会以学生毕业、结业和考试成绩来检验学生学习的效果和老师完成任务的情况，这往往是一目了然的。而对家庭教育效果的检验就没有这么简单了，因为家庭教育的效果当下不能完全体现，也没有固定的指标，如生存能力、价值观、行为习惯等往往更多的是在孩子脱离父母、长大成人后才可表现出来。因此，家庭教育更注重人的可持续发展，既满足孩子当下的需要，又注重其今后能力和人格的培养。

经典语录

实施儿童教育之最重要的场所，又在什么地方呢？这不消说，当然是在家庭了。儿童在未进学校之前，其品性、习惯、身体等，早已受家庭方面深刻而又长久的暗示；在既进学校之后，每天和家庭方面的接触，仍旧是占着时间的大部分，品性的陶冶、身体的发育和各种习惯的养成，可说无时不是受着家庭方面的影响，至于知识的灌输又在其次了。

所以要讲究儿童教育，还要从最初的基本教育——家庭教育上注意。①

——陈鹤琴

① 陈鹤琴．家庭教育与父母教育［M］.上海：上海人民出版社，2016：181.

家庭教育融于日常生活之中，没有稳定的内容，也没有严格的规章制度保证其实施。有的家庭有良好的生活方式，家庭氛围融洽，父母自身素质比较高，孩子就能从小受到良好的家庭教育；而有的家庭没有良好的教育环境，家庭关系紧张，父母品行不端，或者对孩子不负责任，不认真履行父母职责，孩子必然受到不良的影响，这种状况很难通过外力而改变。

家长的个人素质参差不齐，专业训练不足，家庭教育存在不可避免的盲目性。培养孩子成人不是一件简单的事情。父母要当好“孩子的第一任老师”，就需要学习、训练以提高自身修养。许多当了父母的人，缺少对应当履行职责的认知和对家庭教育基本知识的全面、系统、超前的学习，也缺少在教育孩子实践中的感悟，教育观念偏颇、教育方式不良、教育能力欠缺等问题普遍存在。

家庭人际关系的特殊性易导致感情用事。在家庭中，父母和子女之间有着天然的血缘关系和共同利益关系，且亲子之间在日常生活中接触频繁，因此，父母在教育孩子的过程中有时会缺乏应有的理智，比如溺爱、简单粗暴、过多包办代替等。由于家庭教育的这种局限性，以及不同教育者对教育行为的评判标准往往不同，因而在培养孩子形成正确的道德行为评价能力方面有一定的困难。

家庭生活范围较窄，家庭教育的内容与方式受到限制，但影响家庭教育的因素不仅限于家庭。由于家庭生活范围的限制及成年人视野的局限，因而家长在家庭教育观念上可能会封闭保守，在方式上可能会缺乏灵活性和多样性，在内容上可能会不够全面。而且孩子思想品德、行为习惯等方面的问题，并不一定完全是家庭教育本身的问题，需要将其置于更广阔的社会范围内加以分析。家长若缺乏宏观视野，就很难在子女教育上有的放矢。

正是因为家庭教育有其自身特点和局限性，家庭教育才应更好地发挥自身的积极作用，与学校教育、社会教育相结合，实现优势互补。

拓展阅读

陈鹤琴的家庭教育思想①

我国著名教育家陈鹤琴先生（1892—1982 年）是我国现代幼儿教育的创始人之一。他早年毕业于清华大学，留学美国取得教育硕士学位，后曾任南京师范学院（现南京师范大学）校长。他说："我们晓得强健的身体是小孩子幸福的根源，若身体不健全，小孩子固然终身受其累，而做父母的也要受无穷的痛苦。""卫生上的习惯与身体的健全是有密切关系的"，这就要求父母必须从儿童的吃穿住用行等方面入手，在日常生活的各个方面对孩子进行良好习惯的培养。家长要培养儿童哪些良好的卫生习惯呢？陈鹤琴共提出 25 条良好卫生习惯，如良好的穿衣、睡觉、刷牙、洗脸、便溺习惯和饭前洗手、吃饭定量、适应外界刺激等。这些原则涉及日常生活的具体方面。如吃饭方面，陈鹤琴提出儿童吃饭时应有适当的盘匙，应有适当的椅桌，须有围巾，应独自吃饭，吃东西前应洗手，吃后须擦手，未穿衣、洗脸、刷牙前不宜吃东西；至于儿童睡眠，陈鹤琴提出，小孩子应独睡一床、独睡一室，不准点灯而睡，不当有人抱着睡，夜里睡时应穿睡衣，晚上未睡前应有适当的娱乐，吃午饭后应睡午觉。

家庭教育是一项细致的工作，要想教养好子女，做父母的需要明白些科学的原则和方法。

第一，父母要以身作则。

陈鹤琴要求父母要处处给儿童做出表率，"不仅言语行动，你要以身作则，就是你的态度、你的思想，也要以身作则"，"做父母的一方面必须事事作则，一方面必须选择优良的环境使小孩子得到优良的刺激和印象"，"要小孩子诚实，做父母的自己先要诚实，自己不诚实，小孩子断断不会诚实的"，"要小孩子对长者有礼貌，做父母的自己对待长者须先要有礼貌。如你自己待父母好，那么小孩子对待你也会好的"。

---

① 姚伟．中外幼儿教育名著解读[M].南京：南京师范大学出版社，2007：213.

第二，父母要尊重儿童的人格。

陈鹤琴认为，“父母对子女应有相当的礼貌”，“做父母的不应迁怒于子女”。也就是说，“做父母的不可以常常用命令式的语气去指挥他们的小孩子”，而应当相互尊重。要把父母的威望建立在尊重子女的基础上，把教育建立在相互平等的地位上。因为儿童有儿童的意志，尊重儿童的人格，儿童才会尊重你，才会接受你的教育。

第三，父母步调要一致。

陈鹤琴认为，“做父母的对于子女的教育应有一致的措施”。他反对中国传统家庭教育中的父严母慈、一个黑脸一个白脸的做法，也就是说，父母要在小孩子面前取同一态度。只有父母步调一致，才能使儿童按照统一的、正确的方向发展。

第四，父母要给儿童真正的爱。

陈鹤琴认为，许多父母对子女的爱都是有过之而无不及的。什么都听其自便，百依百顺，甚至对小孩子打骂长辈或危害他人的行为都不加禁止。所以陈鹤琴反复强调“对子女要爱护，但绝不可以溺爱”，“凡是儿童自己能够做的，应当让他自己做”，“凡是儿童自己能够想的，应当让他自己想”。家长的责任是教会孩子生活、自立和做人，给他以关心和爱护，帮助他做事，而不是代替他做事。否则是有害的，其害处“一是剥夺了小孩子肌肉发展的机会；二是养成了小孩子怠惰的习惯；三是养成小孩子不识时务、不知劳苦的习性；四是阻碍孩子独立性、自主性的发展”。

第二节

立德树人是家庭教育永恒的主题

教育的根本任务是什么，从根本上来说是“立德树人”，而实现“立德树人”的关键是家庭教育。因为从家庭教育、学校教育和社会教育三者的德育功能来看，家庭教育的德育功能对孩子成长的作用更大、影响更深。但是在家庭教育中，德育又常常被家长们所忽略。如何更好地承担起“立德树人”的重担，是每一位对子女未来抱有美好期望的家长必须认真思考的问题。

家长须知

教育应当坚持立德树人，对受教育者加强社会主义核心价值观教育，增强受教育者的社会责任感、创新精神和实践能力。

——《中华人民共和国教育法》第六条

国家、社会、学校和家庭应当对未成年人进行理想教育、道德教育、科学教育、文化教育、法治教育、国家安全教育、健康教育、劳动教育，加强爱国主义、集体主义和中国特色社会主义的教育，培养爱祖国、爱人民、爱劳动、爱科学、爱社会主义的公德，抵制资本主义、封建主义和其他腐朽思想的侵蚀，引导未成年人树立和践行社会主义核心价值观。

——《中华人民共和国未成年人保护法》第五条

孔子有一句名言：“三军可夺帅也，匹夫不可夺志也。”他认为人格的力量要比权势大得多。他告诫弟子：“不患人之不己知，患不知人也。”“知人”，就是懂得做人的道理。孟子认为，男子应以“富贵不能淫，贫贱不能移，威武不能屈”的“大丈夫”为理想人格。孟子的这一理想人格论具有普遍的教育意义，对之后的家庭教育产生了巨大的影响。郑玄教子淡于名利、自立自强，告诫子孙“显誉成于僚友，德行立于己志”。诸葛亮在《诫子书》中提出了静与俭相结合的道德修养论，认为“君子之行，静以修身，俭以养德。非淡泊无以明志，非宁静无以致远”。嵇康把是否立志看作人与动物的最主要区别，认为“人无志，非人也”，要求子孙立志“自当量其善者”，做像苏武一样的人。许衡人格高尚，因而也十分重视对子弟进行人格教育，《元史·许衡传》称，“庭有果，熟烂堕地，童子过之，亦不睨视而去，其家人化之如此”。受家庭的熏陶，王守仁12岁便将“读书学圣贤”作为人生的“第一等事”和自己的志向。郑板桥说得更为明了：“读书中举，中进士做官，此是小事，第一要明理做个好人。”我国传统的家庭教育以道德教育为根本，从教“人伦”着手，通过道德观念灌输和行为习惯培养教孩子学会做人。

一、家庭教育忽视德育的症结

说到家庭德育，很多家长是排斥的，他们只关心孩子智力的开发、学习成绩的好坏，在课余时间安排各种各样的辅导班，却忽略了正确的人生观、世界观和价值观的培养，淡化了家庭道德教育，忽视了子女要成为什么样的人的根本问题。要知道，孩子的智力开发与品德培养应该齐头并进，孩子学习成绩好固然有助于他选择理想的大学，以掌握一技之长，为以后步入社会打下基础，但品德是陪伴孩子一生的。一个品行良好的人，无论在什么岗位，都可以为国家做贡献，不会危害社会。而一个品行低劣的人，即便有所成就，也可能走上歪门邪道，危害他人和社会。

案例分析

有的家长怕自己的孩子在外面被人欺负，就教育孩子“谁打你，你就打回去”，甚至有的家长参与到孩子们的矛盾中去，冲进校园打人。有的家长挖空心思想让自己的孩子吃得比别人好、穿得比别人好，这就直接助长了孩子的攀比与炫耀心理。于是，你有手表我也要有手表，你有手机我也要有手机，你穿××牌我也穿××牌……诸如此类，屡见不鲜。

【分析】在这样的教育环境中，孩子不但无法提高处理问题的能力，反而学会了用“暴力”解决问题；在这样的家庭中，家长不但没有给孩子最好的爱，反而使孩子攀比的欲望越来越强，当家长不再能满足其欲望时，孩子就可能把目标对准同学甚至是社会人员，通过偷、抢等违法犯罪行为来满足自己的欲望。因此，家长在鼓励孩子个性发展的同时，应该多一点耐心，并应以身作则，帮助孩子正确地认识自己。爱孩子要爱得有技巧，别让爱扼杀孩子！

在培养价值取向上，许多父母对孩子有较高的期望，希望孩子学历高、工作好，能出人头地。在一些家长的观念中，孩子的德育是“软指标”，可有可无，而学习知识是“硬任务”，让孩子考高分、上好学校是最实在的事，关系到孩子的前途，不能有丝毫马虎。所以这些家长把自己在家庭教育中的角色定位在做孩子的“学习拐杖”上，以至于孩子“学有所成，不会做人”的情况频繁出现。也有的家长对社会上非正常的人际关系和不良社会状态存有不满，过多在孩子面前抱怨不尽如人意的种种问题，“老实人吃亏”“一切向钱看”“有钱就有一切”等歪曲的价值观有意无意地渗透到孩子的心中；有的家长凡事以自我为中心，对孩子参加公益活动抱不支持态度，告诉孩子“多一事不如少一事”，对公共秩序、公共规则置之不顾，我行我素；等等，这些在无形中使孩子养成了不良的习惯。家长在有意无意中的所作所为，无论正确与否，都对孩子产生了影响，这是回避不了的客观现实，却常常被家长忽视了。

二、家庭德育的重要性

从人的成长过程来看，一个人的品德不是与生俱来的，是在后天环境的影响下，经过个体自身的作用而逐渐形成的。在这一过程中，家庭教育是最初的作用力，因为人一降生，就在家庭中与父母形成亲子关系，而良好品德的培养往往需要和谐的亲子关系和温馨的家庭环境，缺少父母亲情、远离家庭，人的道德发展就会受到阻碍。

从家庭德育的特点来看，它是在日常生活中发生的，主要通过父母以自觉或不自觉的方式对子女实施教育和影响。亲密的亲子关系常常是在举手投足间潜移默化地对孩子予以情感熏陶和引导，并通过日常生活和言传身教传播道德、培养个性品质，使孩子形成正确的价值观、人生观。国外的一项调查表明，在道德判断和价值定向方面，父母与子女的相关系数是 0.55，而教师与学生的相关系数仅为 0.03，前者远超后者。由此可见，家庭德育具有其他形式的道德教育不可替代的效果和意义。

从家庭德育与成才的关系来看，“立德”是“树人”的基础，做人是立身之本，良好的道德品质是成才的前提条件。一个人要在社会上立足，最起码的要求是懂得最基本的社会规范，学会与人相处的基本规则，养成良好的生活方式，而这些正是从小在家庭中慢慢习得的。许多人才成长的经历无一例外地证实，正是因为他们自幼受到家庭良好道德的熏陶，具有良好的道德人格，才为他们取得事业上的成就打下坚实的基础。而那些未成年就走上犯罪道路的孩子都是在做人这个根本问题上“栽了跟头”，无一不反映父母对孩子道德人格培育的忽视或扭曲。

经典语录

开始教小孩，就要教得好。倘若开始教不好，后来很不容易好的。从前有一位琴师，出了一张招生广告，说：“未学过琴的，学费 1 元；已经学过的 2 元。”这张广告使得许多人怀疑……他就对人说：“未曾学过琴的不会弹琴罢了，没有什么病根的。至于已经学过琴的，不但不会弹琴，而且学了许多弊病，我现在要教好他，非先去改掉他的病根不可。比较未学过的又多一层困难，所以学费也应当贵一倍。”所以小孩子开始受教育的时候，就要教得好，如果教得不好，就不但无益反而有害了。[①]

——陈鹤琴

① 陈鹤琴. 家庭教育与父母教育[M].上海：上海人民出版社，2016：210-211.

三、家庭教育的主题是立德树人

人的德行是通过学习、领悟、践行而逐渐形成的，对孩子的德育是一个千锤百炼、长期积淀的过程，该过程离不开在现实生活中对道德现象的价值判断（客观）和实践体验（主观）两个层面，而实践体验层面恰恰是家庭教育的特点和家长的优势所在。对孩子进行德育可从以下几个方面做起：

第一，“先入为主”的作用很重要，即让孩子从小知道什么是好的，什么是坏的；应该做什么，不该做什么；做得好会受到赞许，做得不好会受到批评，这会在孩子的思想意识和行为方式上打下深刻的烙印。教育家陈鹤琴先生认为，做人是顶难的，一定要从小就加以训练，养成种种优良习惯和态度，在孩童时代受到良好的教育，到青年的时候，自然可以减少许多问题。慎始则善终，这是必然的结果。

第二，说到德育，很多家长认为就是给孩子“讲道理”，习惯用“应该”或“不许”来限制孩子，忽略了行为能力的培养，使孩子始终处于被动接受的状态，难以形成自身的主动性和自觉性。有效的德育是养成教育，“养”即过程，“成”即效果，“养成”是道德的知、情、意、行各要素循环往复的过程，是习惯的培养。也就是说，家长应在日常生活的点滴小事、每个行为细节中提出符合孩子年龄特点的要求并在实践中不断强化，进而使之成为一种自动化的、相对稳定的行为。

第三，德育没有传授知识那么简单，教孩子做人比辅导孩子学习更需要家长的智慧。一方面，道德习惯的养成是有规律可循的，家长需要学习和把握孩子成长的特点和规律，以及科学的行为控制、塑造与矫正技术，营造安全、健康的家庭环境，达到“教育无痕”的最佳境界；另一方面，以德育人要有诚心，德育贯穿孩子成长的全过程，因而也要有耐心，不要急于求成。总之，“立德树人”是孩子和家长共同成长的过程，也是家庭教育的永恒主题和终极目标。

第三节

家庭生活是最宝贵的教育资源

家长须知

学龄前儿童家长要为孩子提供健康、丰富的生活和活动环境，培养孩子健康体魄、良好生活习惯和品德行为，让他们在快乐的童年生活中获得有益于身心发展的经验。小学生家长要督促孩子坚持体育锻炼，增长自我保护知识和基本自救技能，鼓励参与劳动，养成良好生活自理习惯和学习习惯，引导孩子学会感恩父母、诚实为人、诚实做事。中学生家长要对孩子开展性别教育、媒介素养教育，培养孩子积极学业态度，与学校配合减轻孩子过重学业负担，指导孩子学会自主选择。

——《教育部关于加强家庭教育工作的指导意见》

家长重视孩子的教育，这一点毋庸置疑，但是，家庭教育的着眼点、着力点是放在家庭中还是家庭之外呢？有的家长精心为孩子挑选好的学校、好的课外班，将孩子的功课视为己任，风雨无阻地带孩子奔波于各种培训班……他们认为只有这样，自己的孩子才能不输在起跑线上，才能出类拔萃，才能有美好的未来。其实，家庭生活的每一个细节，如父母选择怎样的生活方式、家庭以怎样的方式安排日常生活等，在不知不觉中影响孩子对世界的看法。而且，家庭生活中的一切都是社会的缩影，在参与家务的过程中，孩子掌握了未来进入社会需要的本领。从这个意义上说，家庭生活是对孩子最具现实意义和长远价值的，是最宝贵的教育资源。

经典语录

如今，所有的母亲都知道照顾孩子的身体，了解营养规则，熟悉孩子发育成长最适合的温度，知道室外活动能够增加孩子的肺活量。

但是，儿童并不是简简单单需要喂养的小动物，他们自出生起就是一个有灵魂的生命体。如果我们想照顾好他们，满足物质需要是不够的，还需要为他们打开精神发展的道路，需要从出生的第一天起尊重和懂得满足他们内心的冲动。

在对待儿童上，身体健康为我们指出了明确的方向，内心健康的问题则涉及更广阔的领域，还需要不断完善。①

——玛丽亚·蒙台梭利

一、促进孩子身体健康发展

爬山历时 5 个小时，6 岁的女儿一个人走完了全程。(2021 年 5 月拍摄于千山)

如果人的健康是“1”，事业、爱情、家庭、金钱等都是“0”，只有“1”勇敢地站立在前面，后边的“0”越多，价值才越大。如果前面的“1”倒下了，那么后边的“0”再多也只能是“0”，没有任何意义。

（一）健康的体魄是一切发展的根本

在人生的长河中，人身体的存在与健康程度直接关乎生活质量和生命延续。“身体之实存，既是人自我理解和相互理解的逻辑前提，又是人在与自然和社会的‘对话’中实现物

① 玛丽亚·蒙台梭利．家庭中的儿童与人格塑造[M].梁海涛，译．上海：上海人民出版社，2018：66.

质能量和精神能量交换的支点。”① 现实世界对儿童施加的一切教育影响都以身体为载体，身体健康是进行一切教育的前提和条件，没有这个前提和条件，就谈不上任何教育。“身体是革命的本钱”“锻炼身体，保卫祖国”，这些是有建设祖国崇高志向的热血青年的“标志性”口号。强国必先强种，强种必先强身，要强身先要重视年幼儿童的身体健康。著名教育家陈鹤琴的“活教育”理论明确提出了现代中国人必须具备五个条件，其中第一个条件就是“要有健全的身体”。他说：“一个健康的人，他有理想，他乐观、积极、有毅力，他能担当起大事……惟其有健康的身体，才能担负起现代中国与世界给予我们的任务。”②

蔡元培先生曾说：“凡德道以修己为本，而修己之道，又以体育为本……忠孝，人伦之大道也，非康健之身，无以行之……苟欲实践道德，宣力国家，以尽人生之天职，其必自体育始矣。”③ 他告诉人们，体育才是人的修身之本。如果一个人身体不健康，即使他有远大的抱负与理想，也很难有条件去实现；如果一个人身体不健康，他的心情就不愉快，心理发展就会出现问题，这又会影响他的身体健康，长此以往，就会形成恶性循环。这样何谈人生的快乐与幸福？还谈什么报效祖国、回报社会？谈什么孝敬父母、兄友弟悌？缺乏一个健康的体魄，一切都是枉然。

从儿童的发展来看，身体健康的儿童，性格活泼，反应敏捷，做事专注，有较强的社会适应能力。可以看出，坚持锻炼身体，拥有健康的体魄，是一个人成长的最好方式，也是家长对孩子最大的期待。为了儿童的现在和将来，家庭教育应重视儿童的健康，让孩子养成锻炼身体的习惯。

许多国家的领导人在体育项目上有一技之长，有些人还是职业或业余运动员出身。第 44 任美国总统奥巴马从高中到大学一直参加各种篮球比赛；俄罗斯总统普京获得了柔道黑带；英国前首相爱德华·希斯是一名出色的帆船运动员，他在 1969 年驾驶着自己的帆船赢得了著名的

---

① 孙元涛．身体问题的教育学思考[J].教育理论与实践，2006，26（19）：5-8.

② 成尚荣．活教育：核心素养的摇篮——陈鹤琴教育思想对核心素养研究的启示[N].中国教育报，2017-04-19（09）.

③ 蔡元培．中国人的修养[M].上海：上海教育出版社，2018：8.

悉尼至霍巴特帆船赛冠军。

拥有健康体魄的人，往往有强大的内心。清华大学著名经济学教授李稻葵曾经分析过：运动员不仅具备异于常人的身体条件，更关键的是，他们还具有成功者普遍具备的特殊心理素质。他们懂得如何去竞争、如何去合作。培养孩子树立公平竞争和团队合作的意识，塑造其强大的信心与号召力，才是让他们受用一生的财富。因此，让孩子学一点运动技能，适当参加一些体育比赛，能最大限度地发挥他们的潜力，使他们终身受益。

近年来，教育部明确规定减轻学生课业负担，三令五申禁止学校利用休息时间补课。2021 年，中共中央办公厅、国务院办公厅印发了《关于进一步减轻义务教育阶段学生作业负担和校外培训负担的意见》，此次“双减”工作提出明确要求，旨在有效减轻学生过重的作业负担。一是全面压减作业总量和时长，减轻学生过重作业负担。二是提高作业质量，系统设计符合年龄特点和学习规律、体现素质教育导向的基础性作业，布置分层、弹性和个性化作业，坚决克服机械、无效作业，杜绝重复性、惩罚性作业。三是强化教师职责，教师要指导小学生在校内基本完成书面作业、初中生在校内完成大部分书面作业。四是减轻家长负担，严禁给家长布置或变相布置作业，严禁要求家长检查、批改作业。对此，学校需严格执行，以切实减轻孩子的学业负担。但是，学校减负却加重了一些家长的焦虑，他们生怕自己的孩子因为不补课而失去升入重点中学和高校的机会。家长的望子成龙促成了早教机构的蓬勃发展，各种网络课堂应运而生，前几年中小学生培训辅导机构更是野蛮生长、遍地开花，使得孩子一上学就负担过重。本应该进行体育锻炼的时间被繁重的课业内容所占用，身体锻炼在追求考试成绩和奔波于各种培训班的过程中被忽视，长此以往便会对孩子的身心健康造成不良的影响。

拓展阅读

教育部：中小学生身体素质改善　大学生体质下滑①

中新社北京9月3日电　中华人民共和国教育部3日发布第八次全国学生体质与健康调研结果，数据显示，2019年全国6至22岁学生体质健康达标优良率为23.8%，以初中生上升最为明显，大学生则整体下滑。

教育部当日召开新闻发布会。会上，中国教育部体育卫生与艺术教育司司长王登峰介绍了于2019年启动的第八次全国学生体质与健康调研结果有关情况。

王登峰介绍，本次调研在全国31个省（区、市）和新疆生产建设兵团的93个地市1258所学校进行抽样，共调研全日制普通中小学、普通高等学校学生374257人，覆盖身体形态、生理机能、身体素质、健康状况4个方面24项指标。体质健康达标优良率达到23.8%，优良率明显上升。其中，2014年到2019年，初中生优良率上升非常明显，增长5.1个百分点；高中生增长1.8个百分点；大学生仅增长0.2个百分点，基本上没有增长。

同时，全国学生的身高、体重、胸围等发育指标持续向好。肺活量水平全面上升，心肺功能不断上升。营养不良得到了持续改善。在身体柔韧性、力量、速度和耐力等方面，中小学生出现了好转，大学生仍未出现好转。

全国中小学和高校健康教育教学指导委员会主任委员、北京大学儿童青少年卫生研究所所长马军当日指出，2019年全国学生体质与健康调研中，中小学生身体素质方面，不管是速度素质50米跑，还是柔韧性，还是耐力素质1000米跑（男）、800米跑（女）都有所改善。但是对于大学生来讲，整体身体素质则出现下降。

王登峰表示，调研结果呈现的积极变化，是一系列重磅政策落地后所产生的积极效果，特别是身体形态发育和中小学生的柔韧性、力量、

---

① 教育部：中小学生身体素质改善　大学生体质下滑［EB/OL］.中国新闻网，2021-09-03.https://baijiahao.baidu.com/s? id=1709861172860278102&wfr=spider&for=pc.

速度和耐力等好转。同时，青少年的近视、肥胖，以及大学生体质下滑等问题依然严峻。因此，还需持续用力，让一系列重磅政策真正落实。

（二）生命在于运动

首先，体育运动是一种以人的身体为本体的活动，从最直接、最基本的层面上讲，运动就是强健人的体魄，给生命以活力和激情。

其次，在运动中能够产生责任意识、规则意识、合作意识和竞争意识，运动是人社会化的最有效途径之一。体育活动让每个人从日常事务之中摆脱出来，纯然沉浸于身体的运动之中，积极地展现身体的力与美，强健体魄，在日常生活之外构建另一种个体生存的样式，成为人类生活丰富多样的表现形式之一。在此意义上，体育在个体以至人类生存的层面，给人类生活提供了另一种可能，一种超功利的、纯然以身体为内容的游戏方式。①

再其次，热爱并坚持运动的人，收获的不仅仅是身体的舒展与强健、精神的愉悦与乐观、头脑的清醒与高效，更是青春延年、自信洒脱。我们天天都在谈理想、谈追求，寻找自己的价值和走向幸福的人生道路。然而，人只有拥有健康的体魄，才能有精力、有心情、有能力去做自己想做的事情，过自己想过的日子，拥有自己想拥有的生活。这就提示家长不能盲目地、没有节制地、不尊重孩子意愿地给孩子报培训班，增加孩子的学业负担，要努力让孩子真切地感受到童年的快乐，要营造良好的家庭环境使孩子的内心在智慧启发和心灵陶冶方面得到充实，让孩子拥有更多自由的时间与空间，去培养自己的兴趣、爱好和想象力、创造力，展现他们儿童时期天真、烂漫的可贵品质。任何损害自己和他人身体的行为，都是对人的价值及生命的贬低。

最后，坚持锻炼身体不仅能够培养孩子的自律能力，还能锻炼孩子的意志力。实践证明，良好的习惯必然是在有意识的训练中固化的，不可能在无意识中自发形成。习惯一旦养成，就会成为支配人生的一种巨大力量。因此，家长必须在有目的、有计划的训练中培养孩子对运动的爱好，使其养成良好的运动习惯。坚持运动这个良好习惯，可使孩子终

---

① 刘铁芳. 把体育还给体育[J].学术评论，2006（7）：58-59.

身受益。基于此，在家庭教育中，应该把身体锻炼作为教育的重要方面。家长一定要根据孩子的兴趣，鼓励孩子练习一项体育项目，发展一项体育特长，让孩子养成锻炼身体的习惯，进而拥有一个健康的体魄，为孩子未来拥有幸福而美丽的人生打下坚实的基础。

家长须知

充分发挥劳动综合育人功能，以劳树德、以劳增智、以劳强体、以劳育美、以劳创新，促进学生德智体美劳全面发展。

坚持实际体验。要让学生直接参与劳动过程，增强劳动感受，体会劳动艰辛，分享劳动喜悦，掌握劳动技能，养成劳动习惯，提高动手能力和发现问题、解决问题的能力。

——《教育部 共青团中央 全国少工委关于加强中小学劳动教育的意见》（教基一〔2015〕4 号）

二、培养孩子生活自理能力与良好习惯

（一）做家务是孩子生存的基础

拓展阅读

郑板桥在 52 岁时始得一子，对于这个儿子，他当然非常疼爱，但却从不溺爱，而是经常通过各种方法来培养儿子自立的能力。

当儿子长到 6 岁时，郑板桥就让儿子学着洗碗。由于儿子长得不高，他还特地为他做了个小板凳，让儿子站在小凳上洗碗。当儿子长到 10 岁时，他为儿子准备了一副小水桶，让儿子每天挑着小水桶把水缸挑满。此外，他还经常教导儿子要勤奋学习，以便将来能自立。

临终前，他给儿子留了一个字条，上面写着：“淌自己的汗，吃自己的饭，自己的事情自己干，靠天、靠人、靠祖宗，不算是好汉。”

在孩子的成长过程中，家务劳动是孩子最早、最基础的劳动形式，与孩子的动作技能、认知能力的发展及责任感的培养有着密不可分的关系，对于磨炼孩子的意志、培养孩子热爱劳动的品质和使孩子养成良好的劳动习惯具有重要的作用，是知、情、意、行全方位的教育实践，是对孩子进行家庭教育最大的优势所在，也是一个人成长成才、在工作岗位上做出贡献、在社会上实现自身价值的基础。

有调查显示，中国城市里的小学生平均每天的家务劳动时间为0.2小时，美国小学生平均每天的家务劳动时间为1.2小时，泰国学生是1.1小时，韩国学生是0.7小时，英国学生是0.6小时，法国学生是0.5小时，日本学生是0.4小时。这组对比数据应该引起中国家长的高度重视，相比而言，中国的孩子，尤其是城市里的孩子，需要加强劳动教育与训练。哈佛大学学者曾经做过一项调查研究，得出了一个惊人的结论：爱干家务的孩子和不爱干家务的孩子，成年之后的就业率之比为15∶1，犯罪率之比是1∶10。爱干家务的孩子，离婚率低，心理疾病的患病率低，生活幸福感强。① 由此可见，让孩子养成做家务的习惯，是对孩子生活自理能力与良好习惯的有效培养，对于孩子的成长有着极其重要的作用。

中国传统文化提倡儿童教育首先应教的是“洒扫应对”，也就是让孩子学习怎么扫地、抹桌子，怎么与人相处。教育的目的是做人，“洒扫应对”是学会做人的基础。正如南怀瑾先生所言：“你不要看扫地、抹桌子、端碗没什么了不起，这些都是一种生活的教育，生活教育会了，以后长大去做事自然就会了。基本的教育没有学好，而专门去读书，那叫学知识，把知识学会了，而做人的基础没有，这个教育是失败的。”②

---

① 孙云晓．习惯决定孩子一生[M].北京：北京师范大学出版社，2013：11.

② 南师专栏—粟文化．南怀瑾老师讲述：做人处事教育从“洒扫应对”开始[EB/OL].2017-05-09. https://www.sohu.com/a/139147281_536015.

拓展阅读

意大利都灵大学的校门口有两尊英格兰黑色大理石雕塑，左边是一只鹰，右边是一匹马。几百年来，它们成了都灵大学的标志，甚至连校徽上也有这两尊雕塑。那只鹰的寓意并不是鹏程万里，它其实是一只被饿死的鹰。为了实现飞遍全世界的远大理想，这只鹰苦练各种飞行本领，却忘记学习觅食的技巧，结果在它踏上征途的第五天就被饿死了。那匹马也不是人们认为的千里马，而是一匹被剥了皮的马。这匹马嫌它的第一位主人——磨坊主给的活太多，乞求上帝把它换到马夫家；可马夫给这匹马的饲料不好，这匹马又乞求换主人。于是，上帝把它换到了皮匠家里，皮匠给马的活不多，饲料也好，可是没过几天，这匹马就被皮匠剥了皮，做成了皮制品。都灵大学的创办者把这两尊雕塑放在都灵大学的校门口，旨在提醒都灵大学的学生们：真正能把人从饥饿、痛苦和贫困中解救出来的是劳动和生存的技能。

联合国教育、科学及文化组织（UNESCO）于 1986 年提出了教育的四大支柱，也可以说是教育的四大目标，即 Learning to know（学会学习）；Learning to do（学会做事）；Learning to co-operate（学会合作）；Learning to be（学会生存）。这就十分清楚地告诉我们，教育不仅教学生“学会”知识，还教他们学会“生存”。学会知识与学会生存不能完全画等号，近年来引起社会广泛关注的“高分低能”“只要学习好，什么都不用你做”等观念，值得我们思考。国外的一些家庭教育内容，值得我们借鉴。

在美国，不论孩子年龄大小，家长都会告诉孩子他们在家庭中也应该负起责任，承担家务则是最好的方式。基于此，美国专门为孩子列了一张家务清单，让不同年龄阶段的孩子承担一定的家务劳动。一是让孩子学会承担责任。让孩子参与家务劳动，让他知道这是每个家庭成员的责任和必修课，必须养成“自己的事情自己做”的好习惯。让孩子先从与自己相关的事情做起，如穿衣吃饭、洗碗、抹桌子；然后扩展到其他方面，如上学之后就向孩子灌输“读书是自己的事”“做作业是自己的事”“家庭成员就有承担家务的义务”这样的理念。二是要给孩子承担责任的机会。有一个智慧的父亲在去外地出差前对他12岁的儿子说：“我的妻子身体不好，我不在家的时候，请你好好照顾她。”一个月后，父亲回到家里，孩子的妈妈惊喜地告诉他，孩子好像突然长大了，处处照顾她。三是对孩子进行早期劳动训练，让孩子做力所能及的事情，这样孩子可从中获得自信心和成就感，体验成功的快乐，养成勤劳的习惯，从而终身受益。

德国立法规定孩子必须帮助父母做家务。6~10岁的孩子要帮助父母洗餐具，收拾房间，到商店买东西；10~14岁的孩子要在花园里劳动，洗餐具，给全家人擦皮鞋；14~16岁的孩子要擦汽车，在花园里翻地；16~18岁的孩子每周要完成一次全屋大扫除。这条法律已有100多年的历史，至今仍然有效。

在我国，部分家长认为“学习”是孩子的第一要务，“升学”“考高分”是他们和孩子共同的期待，于是，这些家长很少让孩子做家务，甚至剥夺了孩子做家务的权利。他们一是认为学习才是孩子最主要的任务，让孩子节省出更多的时间用于学习，干家务、做好服务是家长的事情；二是溺爱孩子，舍不得让孩子干活，总想为孩子包揽一切，让孩子饭来张口、衣来伸手；三是嫌孩子添乱，担心孩子做不好，或者弄脏了衣物，或者打坏了餐具，或者弄伤了手脚等。有不少家庭，特别是条件较好的家庭，以孩子要学习为由，将理应由孩子自己做的事情交给父母或者保姆代劳。正是家长的这些观念，剥夺了孩子参与家务劳动的权利，使孩子丧失了尝试或锻炼的机会，也限制了孩子动手能力的发展和生活技能的训练，致使很多孩子“四体不勤”，生存技能欠缺，长大后生活难以自理，甚至成为“啃老族”。

拓展阅读

有一则感人肺腑的报道：2014年3月，一本名叫《会做饭的孩子走到哪里都能活下去》（日语名叫《小花的味噌汤》）的书，让全世界无数人为之感动、落泪。这是千惠一家人合力写下的温暖之作：身患重病的年轻妈妈千惠，开始教4岁的女儿阿花学习做饭等家务。她教女儿如何拿菜刀、如何洗菜；衣服翻着脱下来，就翻着还给她，让她整理好。只要是阿花力所能及的事，千惠都让她自己做。比孩子先来到这个世界的父母，注定无法陪孩子走完一生的路。然而，教给孩子什么才是最重要的？千惠说："是让孩子有一个人也能好好活下去的能力。"千惠教阿花做家务，就是把生存的本领传授给她。千惠教会阿花用纯真的笑容面对这个世界，顽强地生活，茁壮成长。可以说，这是母亲送给孩子一生的礼物，也是最好的礼物。①

生活就是教育，教育与生活是不可分离的，人就是在不断地更新生活方式、不断地提高生活质量中得以发展的。在生产活动中，教育者教给受教育者生活的基本技能和经验，受教育者将所习得的技能和经验直接运用于自己的生活之中，从而立足于社会。

经典语录

在现实生活中，天才寥寥可数。即使是那些在成功后被视为天才的人，实际上也是来源于生活。所以，当孩子年龄稍大时，要培养他的自理能力，不以劳动力的标准而是以孩子的标准来衡量，让他学会洗衣服、做饭、打扫卫生等。②

——斯宾塞

随着经济的发展，用钱可以买来很多东西，包括家政服务。但是通过自己的劳动创造温馨才能提高家庭的幸福指数，尤其是一家人在一起劳作，家长言传身教、给孩子树立榜样，对培养孩子热爱劳动、勤于动手的品质，树立独立意识和对家庭的责任感，拥有热爱生活的美好情感

① 傅国亮．会做饭的孩子走到哪里都能活下去：要教会孩子做"人中人"［N/OL］．光明日报，2018-05-29. https://baijiahao.baidu.com/s? id=1601760416242005121&wfr=spider&for=pc.

② 赫伯特·斯宾塞．斯宾塞的快乐教育［M］.成墨初，李彦芳，译．武汉：武汉大学出版社，2014：71.

和创造生活的激情等方面，都有着积极的意义。

（二）好习惯是孩子受用一生的财富

有人会问，习惯到底是什么呢？习惯就是习以为常的行为，是一种稳定的自动化的行为，是经过反复练习而养成的语言、行为、思维等方式，它是人们头脑中所建立起来的一系列的条件反射。也就是说，习惯是一种自动化的动作和稳定的行为方式，它不需要别人督促、提醒，也不需要自己刻意去做，而是主动、自觉的行为。这就是所谓的“习惯成自然”。

经典语录

习惯是一种自然的不假思索的不知不觉的行为……一个人假使养成了一种良好习惯的话，他将得到很多的益处，一生受用不尽。假使习惯不好的话，那么，将使他一生蒙受害处。[①]

——陈鹤琴

无论孩子将来做什么，也无论其所学的知识、培养的特长能不能派上用场，教育所给予他的内在素质都是丢不掉的，而习惯正是其中最重要的素质。在孩子行为习惯的培养过程中，家庭教育是渗透力最强的教育，家庭是最好的课堂。

案例分析

一个日本男孩特别厌恶学习，每天为了写作业费尽了力气。妈妈和男孩谈了好几天，一开始男孩说讨厌学习，后来说最好有人帮他一起学，妈妈便答应帮助他学习。第一天，男孩在家里只学了五分钟就结束了。妈妈说：“你暂时还不具备长时间专心学习的能力，

① 陈鹤琴. 家庭教育与父母教育［M］.上海：上海人民出版社，2016：220.

所以今天学习五分钟就结束。从明天起每天要增加一分钟，一个月后便能学习三十五分钟了，持续两个月，你就能养成连续学习一个小时的能力了。”五分钟很快过去了，四五天后，男孩先坐好，然后说：“妈妈，给我计时间。”坚持学习了二十天左右，母亲高兴地说：“这孩子有点学习劲头了。”不久，男孩出现了第二个变化，他自己会找出应该复习的功课了。两个月后，男孩轻轻松松坚持学习一个小时以上却不觉得辛苦，三个月后就能学习一个半小时了。在家里学习自然而然成为这个男孩生活的一部分。

【分析】这位妈妈以她特殊的方式和耐心帮助孩子克服学习上的困难、适应学习生活，把功夫下在习惯的培养上，最终取得事半功倍的效果。这个习惯培养的过程就是由被动到主动、由自觉到自动的过程。

培养好习惯就像缠缆绳，只要每天缠上一道，用不了多久，好习惯就能养成。改掉孩子的坏习惯不容易，只有在极少数情况下才能一次改掉，更多的时候需要一个过程，但只要每天提醒孩子，用不了多久，坏习惯就会改掉了。

一般来说，习惯的养成分为四个过程：

第一，需要外部强制力量的被动行为。这与孩子的年龄特点相吻合，在孩子的认识还不充分、道德情感还不稳固，且孩子还没有形成道德意志的阶段，家长在帮助孩子养成习惯的过程中，要有意识地“立”好习惯、“破”坏习惯。

第二，自发行为。通过接受教育，孩子对习惯培养的重要性有了基本的认识，并能自发地根据情境要求去做，但由于自控能力差，兴趣转变快、情绪变化大，因而行为习惯常常具有随意性和情境性，易反复，不稳定。这时不仅需要孩子自己的意志努力，还需要一定的外部监督。在批评督促的同时，家长要注重赏识孩子，赏识教育是培养孩子养成自发行为和自觉行为的很好的方式。

第三，自觉行为。自觉行为需要一定的意志力，靠内部的自我监督。此时孩子已经有了一定的认知和意志，能够自我要求和自我监督，不需要外部监督，但仍然需要自己的意志努力。尽量每天坚持，不要

“三天打鱼，两天晒网”，要持之以恒，循序渐进。

女儿阅读习惯的养成始于睡前故事（从8个月到6周岁8个月），从要我拿着书给她讲故事，到她能够自己捧着书开始学着我的语调讲故事，她的词汇量、识字量在不知不觉中增加，对阅读也越来越感兴趣。

第四，自动行为。自动行为既不需要外部监督，也不需要自己的意志努力，此时的行为不是被迫的，而是自然的、自动的，也就是养成了习惯。如果孩子已养成良好的习惯，家长要注意帮助孩子不断巩固，因为良好的习惯不是一朝一夕能养成的。

从以上好习惯的养成过程可以看出，培养孩子养成良好习惯要贯穿日常生活的方方面面，如做人、做事、学习、运动等。家长如何帮助孩子养成好习惯呢？可以参考以下步骤：

第一步 家长引导孩子对养成某种习惯产生兴趣。研究结果发现，儿童时期最好的教育莫过于让孩子养成良好的习惯。好孩子一定是有好习惯的孩子，所谓“问题孩子”一般都是坏习惯很多的孩子。坏习惯可能使人丧失良机，而好习惯则可能使人走向成功。

案例分析

20世纪60年代，苏联发射了世界上第一艘载人飞船，宇航员加加林成为人类历史上进入太空的第一人。当时挑选乘坐载人飞船的人选时，一个细节决定了加加林的命运：几十名宇航员去参观他们将要驾驶的飞船，进舱门的时候，只有加加林一个人把鞋脱了下来。他的想法很简单："这么贵重的一个舱，怎么能穿着鞋进去呢？"就是这个习惯动作，让总设计师非常感动，他想："只有把这艘飞船交给一个如此爱惜它的人，我才放心。"在总设计师的推荐下，加加林成了第一个飞上太空的宇航员。所以，加加林的成功得益于他良好的习惯。有人开玩笑地说：成功从脱鞋开始。

【分析】加加林为什么能成功呢？因为好习惯给他带来了好运气，他根本不需要考虑要不要脱鞋，他的文明行为已经自动化了。也就是说，好习惯能给人带来很多成功的机会，坏习惯往往使人在不知不觉中走向失败。

经典语录

养成习惯，换个说法，就是教育。教育不限于学校，也不限于读书，学校教育只是教育的一部分。读书这件事也只是教育的一部分。我们在学校里受教育，目的在养成习惯，增强能力。我们离开了学校，仍然要从种种方面受教育，并且要自我教育，目的还是在养成习惯，增强能力。习惯越自然越好，能力越增强越好，孔子一生"学而不厌"，就为他看透了这个道理。①

——叶圣陶

良好的习惯是人在其神经系统中所存放的"道德资本"；这个资本

① 叶圣陶．叶圣陶随笔　生活教育[M]．北京：北京大学出版社，2007：105.

会不断地增长，一个人毕生就可以享用它的“利息”……坏习惯在同样的程度上就是一笔道德上未偿清的债务了，这种债务能以不断增长的利息折磨人，使他最好的创举失败，并把他引到道德破产的地步。[①]

——乌申斯基

第二步 家长明确行为规范，让孩子清楚地明白养成某种良好习惯的具体标准。

案例分析

北京市某小学的一个小男孩上课时很调皮，把任课老师惹生气了，下课后全班同学都埋怨他，这个小男孩很懊恼，就去找他的班主任孙老师。孙老师做过40多年的小学班主任，经验丰富，是国家特级老师。她听了小男孩的话，对他说：“犯了错就认错还是好孩子嘛。那你决定怎么认错呢？”小男孩说：“我去给老师赔礼道歉，再给老师鞠个躬。”孙老师说：“鞠躬很好，会让对方知道你很有诚意。可是你会鞠躬吗？试一下我看看。”小男孩直挺挺地点了一下头。孙老师摇摇头说：“这不是鞠躬，这只是点头嘛，点头道歉缺乏诚意。”那个小男孩愣住了，因为长这么大，他从来不知道鞠躬与点头有什么区别。这时，孙老师站起来，给小男孩演示怎么鞠躬：挺胸抬头，双手自然下垂，然后上身向下弯曲与地面平行，最后起身。然后，孙老师让小男孩子练习了几次，才让他去给任课老师认错。

【分析】这位老师不愧是全国特级教师，她教育学生既耐心又细心，她细致入微的指导，能让孩子养成好习惯。可以说，儿童教育需要细节的指导。

第三步 家长适时进行榜样教育，可以使孩子对养成某种良好的习惯产生亲切感。

---

① 乌申斯基．人是教育的对象（上卷）［M］．郑文樾，译．北京：人民教育出版社，2004：193-194.

案例分析

天津社会科学院的研究员关颖曾难以与儿子沟通。儿子房间里贴了许多篮球明星乔丹的海报，因为乔丹是他的偶像。后来，一向不喜欢篮球的关颖，开始与儿子一起看篮球比赛，并且收集了许多乔丹的故事，这让儿子自然与她亲近了起来。关颖发现，只要与儿子谈乔丹，儿子就心服口服，因为他对这个偶像有认同感、亲切感。最终，借助乔丹这个偶像的力量，全家人和谐相处，儿子也越来越开朗。

6 岁的女儿喜欢看动画片《精灵梦叶罗丽》，尤其喜欢思思这个角色。思思的钢琴弹得非常好，女儿也学习钢琴一年多了，这也是她喜欢这个角色的原因之一，但是也有时候因为想要和朋友玩而不想练琴，这也是所有孩子的天性。有一次女儿说："妈妈我不想上钢琴课，不想学新的曲子。"我就想起和她一起看过的动画片中的一个情节，说："思思说要努力练习，因为喜欢指尖在钢琴上跳动，要做好喜欢的事。思思都能坚持练习，练习就会有收获，才会让自己更强大，所以你要成为思思，也要坚持练习。"这样一下子拉近了我和女儿的距离。

【分析】儿童的观察和模仿能力很强，儿童时代需要榜样和偶像。当然，儿童的榜样和偶像并非都是名人，更多的是父母、教师和伙伴。因此，父母和教师既要努力做好孩子的榜样，也要帮助孩子选择喜爱的名人榜样，还可以帮助孩子选择优秀的伙伴，这会对孩子产生巨大的影响。

第四步　坚持不懈的行为训练，让孩子由被动到主动再到自动，养成某种良好的习惯。

根据美国心理学家卡尔·拉什利的动物记忆实验研究，行为主义心理学认为，一种行为重复 21 天就会变为习惯动作，而重复 90 天会形成稳定的习惯。也就是说，一种习惯的形成，意味着一种行为能够持续一段时间，一般是 21 天到 90 天。当然，这只是一个大致的时间。研究还发现，不同行为习惯形成的时间不相同。总之，坚持的时间越长，习惯越持久。

习惯的养成有一个由被动到主动再到自动的过程，因此需要对孩子进行训练，而且要让孩子从小养成一些良好的习惯。例如，回到家后，要先换鞋，把鞋子放好，然后换衣服，并叠好放在一个固定的位置；写完作业要把铅笔削好，把要带的书装好，有序地整理好书包。一开始孩子不会，父母可以指导和演示，然后再让孩子自己做，孩子往往就很有兴趣。又比如，要让孩子养成勤洗手的好习惯，就需要对孩子进行训练：回到家先洗手，洗手要用洗手液，采用七步洗手法，饭前便后要洗手，不洗手就不能吃东西。只要家长经常提醒孩子进门后要洗手、吃饭前要洗手，久而久之，孩子就养成习惯了。渐渐地，养成的习惯就成了稳定的自动行为。习惯研究专家周士渊先生发现，培养孩子养成好习惯，关键在前三天，决定在一个月。培养习惯需要持之以恒，但开始的一个月尤为重要，过了这一个月，孩子就能一步步地养成好习惯。

第五步　及时、具体的评估和奖惩，能让孩子在成功的体验中养成某种良好的习惯。

有的父母会对孩子说："这个假期你要好好把你握笔的姿势练好，开学前我要检查。"这种做法不妥，因为孩子经常会管不住自己，笼统的要求对他们难以起作用。因此，父母要把大计划分割成很多小计划，并不断地与孩子一起总结评估：今天做得好，可以奖励一颗小星星；7 天都得到小星星，可以换 1 颗大星星；累积 3 颗大星星，就可以获得更高的奖励。这样做，孩子每天都会对自己是否进步有直接的感知，并期待着明天的进步。

案例分析

有一位妈妈，儿子上五年级，写作业磨蹭。在心理学专家的指导下，这位妈妈开始采取习惯培养的措施。这位妈妈耐心地观察儿子到底是怎么写作业的，发现儿子写一个小时的作业站起来 7 次，一次打开冰箱看看有什么好吃的，一次打开电视看看动画片开始了没有……不到 10 分钟站起来转两圈，这样写作业能不慢吗？于是这位妈妈对儿子说："你是一个很聪明的孩子，但是我刚才数了数，你一个小时站起来 7 次，是不是太多了。我看，你写一个小时的作业站起来 3 次就差不多了吧。"儿子一愣，想不到妈妈挺宽容的，说："3 次就 3 次。"妈妈继续说："如果你一个小时内站起来不超过

3 次，当天晚上的动画片随便看。”儿子听了高兴得不得了。妈妈又说：“先别开心，有奖必有罚，如果你写作业一个小时内站起来超过 3 次，当天晚上的电视就不能看，包括动画片。”母子达成协议。结果 5 天下来，儿子有 3 天做到了，写作业一个小时站起来不超过 3 次，兴高采烈地看了动画片，但是有两天忘记了，无论怎么央求，妈妈都不让他看动画片。真正的教育是自我教育，真正的控制是自我控制。这个孩子就这样慢慢地发生了变化，一想到一个小时只能站起来 3 次，就会慢慢地控制，并通过“争取晚上看动画片”来激励自己。就这样，经过三个月的训练，这个孩子终于养成了专心写作业的好习惯。

【分析】通过这位妈妈成功的经验可以发现，及时、具体的评估和奖惩能让好习惯增加、坏习惯减少，这也是习惯培养的基本方法——加减法。想让孩子养成什么样的好习惯，就要想办法让好的行为不断出现，出现的次数越多，好习惯越牢固；同样，想让孩子改掉坏习惯，就应及时对孩子的行为进行评估，给孩子设定一个改变的过程，让孩子慢慢减少此类行为。

第六步　形成良好的环境和风气，让家庭、学校乃至社会成为孩子养成良好习惯的支持力量。

案例分析

一位 5 岁孩子的妈妈曾告诉我，她的孩子小时候和姥姥住在一起，姥姥不爱说话，总是抱着她。在楼下的时候，偶尔走进人群，孩子哭了，姥姥就立即把孩子抱走，他们两人就在没有人的地方安静地待着。渐渐地，孩子大了，就变得不爱说话，也不善于表达了。

【分析】可见，环境对人的行为有很强的塑造作用。孩子的观察、模仿、适应能力很强，更容易“入乡随俗”。因此，培养孩子养成好习惯时，一定要注意营造与之相适应的环境。

培养好习惯不是一件简单的事情，但是这并不是说好习惯培养不起来，习惯的培养是门学问。无论采用什么方法培养习惯，都要坚持一条基本原则，那就是尊重孩子，尊重孩子的生理和心理特点。习惯培养的目标是通过培养良好习惯来解放孩子的大脑，让孩子从一些不良行为习惯中解放出来，如不磨蹭、不言而无信、不做一些低级趣味的事情，要使孩子生活得有情趣、有意义。

习惯培养的过程是父母与孩子相互学习、共同成长的过程。在有些习惯上孩子养成的时间通常比大人早，比如垃圾分类，父母就要向孩子学习。此外，好的关系胜过许多教育，只有“亲其师”，才会“信其道”，亲子关系、师生关系良好，才有助于孩子养成良好的习惯。习惯影响命运，教育的核心是培养健康人格，培养健康人格最有效的途径就是培养良好的行为习惯。抓住“培养良好行为习惯”这个根本点，就把握了家庭教育最有效的一条途径。

三、促进孩子认知能力发展

这里讲“促进认知能力发展”，而没有使用“增加知识量”，是因为两者不能画等号。很多家长问：“孩子在公立幼儿园什么都学不到，能不能直接上小学?”“幼儿园就是让孩子玩，我是不是得换一个能让孩子学很多知识的幼儿园?”甚至有的家长对孩子在幼儿园学会百以内加减法而沾沾自喜，把孩子会背唐诗、会汉语拼音作为能够上小学的知识储备，认为这才是最好的入学准备。殊不知知识是有限的，而能力是无限的，认知能力是获取知识的不竭动力。那么，如何促进孩子认知能力发展?

经典语录

我们应该有节制地关注孩子，不要任意强迫他们去学习，应该让他们的心灵永远沐浴智慧之光。①

——玛丽亚·蒙台梭利

① 玛丽亚·蒙台梭利. 发现孩子[M].蒙台梭利丛书编委会，译. 北京：中国妇女出版社，2012：154.

智慧并不在研究生院高高的山顶，而是在周日学校玩耍的沙堆里。[①]

——罗伯特·富尔格姆

（一）游戏是孩子智慧的源泉

什么是智慧？智慧是人的修养、教育、经历的体现，是生命最原始、最本质的内涵，是人正确地理解和迅速、灵活地处理事务的能力。在游戏中，儿童能获得智慧。游戏是儿童的基本活动，也是培养孩子各种能力的教育活动，可以给孩子带来经验、知识、快乐和健康，是儿童智慧的源泉。日常生活中，游戏对孩子有巨大的吸引力。我女儿 4 岁时可以在游乐场持续游玩 4 个小时，游玩后还没到家就已经在车上睡着了；6 岁的她为了和同伴玩游戏，可以不吃饭、不睡觉，只要能和小朋友玩游戏，什么条件都能答应。我也认真观察过孩子们的游戏，发现我们热衷于培养的运动能力、合作能力、协调能力、规则意识等都能在孩子的游戏中得到体现。例如，追捕游戏有大家默认的游戏规则，但规则可以变化，只要所有成员都能认可并且遵守；半小时的游戏时间里，孩子们玩得大汗淋漓，他们要完成跑、蹲、起身、盯防人等多项任务；游戏需要队友的配合，年龄大一些的孩子还会照顾年龄小的孩子。在游戏中，孩子们是主动地、自然而然地获得这些能力的，在这些能力获得的过程中，生活智慧的积淀为他们的成长奠定了基础。能力的培养不是一蹴而就的，它的培养效果没有知识、技能的获得那么显而易见，需要几个月，甚至几年的时间，这都是很正常的现象。然而，孩子一旦度过了这个时期，一切都会变得轻松起来，这些习得的能力就会成为孩子一生的本领。如此看来，对孩子能力的训练极其重要，也很有价值。

心理学研究发现，游戏能促进孩子多方面的发展：推动认知发展，促使孩子自由探索问题、解决问题；推动社会适应能力发展，尤其是在想象力的游戏中，孩子通过扮演不同的角色能学会换位思考；促使孩子改善情绪，如在儿童心理治疗中有专门的“游戏疗法”；集体游戏还可以培养孩子的合作意识、团队精神、探索能力等。

因此，我们应该把“游戏的权利还给孩子”，孩子应该有游戏的时

---

① 罗伯特·富尔格姆．受用一生的信条[M].马惊飙，译．北京：华夏出版社，2011：12.

晚上的7—8时是我和孩子的亲子游戏时间。（2020年9月拍摄于通辽）

间；为孩子建造游戏的“精神乐园”，让游戏伴随孩子的成长，并以不同的方式丰富其人生；让游戏成为孩子的生活，培养孩子热爱生活的情趣，提升孩子适应生活的能力，让孩子在游戏中获得生活的智慧和乐趣。同时，父母参与孩子的游戏是陪伴孩子的最好方式，也是建立良好亲子关系的有效途径，对于孩子的健康成长具有重要的促进作用。

（二）教孩子学会感恩

《现代汉语词典》（第7版）中对“感恩”一词的解释是“对别人所给的恩惠表示感激”。斯宾塞认为：“感恩，就是在得到恩惠后，将自己的感激之情流露，并努力去回馈施恩者。感恩就是一种态度，首先，你要流露出感激之情，这是对施恩者的一种敬意；其次，你还要有回馈的行动，这样才能算作一个完整的感恩行动。”① 可以说，感恩是一个人与外界交流的良性互动，是做人最起码的道德修养。

第一，感恩生命。社会发展、技术进步、人才竞争在无形中给人们带来了生存压力。那些在压力面前不堪重负的“弱者”，抛弃了生命赋予的意义和价值，使原本美丽的生命之花陨落在对生命的亵渎之中。

泰戈尔曾说：“教育的目的应当是向人传送生命的气息。”家是孕育生命的地方，是一个人生命的摇篮。所以，在家庭中进行感恩生命的教育是最好的教育方式。父母要从小教育孩子感恩生命、敬畏生命、珍惜生命。如果孩子从小懂得生命可贵，那么他对生命就会有最起码的尊重，不会轻易放弃自己宝贵的生命，也不会把欺凌别人当成乐趣，更不会残忍剥夺他人的生命。感恩生命是最根本的感恩之情，它不仅教会孩子珍惜生命、尊重生命，还教会孩子感恩生命中的遭遇、包容遇到的逆

① 赫伯特·斯宾塞. 斯宾塞的快乐教育［M］.成墨初，李彦芳，译. 武汉：武汉大学出版社，2014：184.

境和灾祸。从某种意义上说，感恩生命是促使孩子感谢宝贵机遇，体悟人生。

第二，感恩父母。给予孩子生命的是父母，孩子的每一步成长都凝聚着父母的心血。所以，孩子要懂得感谢父母的生养之恩。中国传统伦理强调孝，提倡尊亲，其合理内核就是感恩生命的来源。“谁言寸草心，报得三春晖”“岂无远道思亲泪，不及高堂念子心”“百善孝为先”，都能看出中国传统文化中的“孝”被认为是一切道德品行的基础。《孟子》曰：“孝子之至，莫大乎尊亲；尊亲之至，莫大乎以天下养。”《诗经》云：“哀哀父母，生我劬劳。”林则徐的家训有言：“不孝父母，奉神无益。”

《增广贤文》中“羊有跪乳之恩，鸦有反哺之义”讲的是：羊羔有跪下接受母乳的感恩举动，乌鸦有衔食喂母的情义。动物尚且如此，更何况人类呢！然而，在现实生活中，违背道德、违背人伦的悲剧时有发生。一个不孝敬父母的人，不可能有感恩之心，更不可能与人为善，何谈立足于社会？

第三，感恩生命际遇。中华民族一直把“感恩”作为教育的重要内容，如“投我以桃，报之以李”（出自《诗经·大雅·抑》），“投我以木瓜，报之以琼琚”（出自《诗经·国风·卫风·木瓜》），“乘人之车者载人之患，衣人之衣者怀人之忧，食人之食者死人之事”（出自《史记·七十列传·淮阴侯列传》），等等，其实就是让人们学会尊重他人，对他人的帮助时时怀有感激之情。因此，尊重生命中每个人的存在，就成为培养孩子感恩之心的重要内容。

感恩教育，教导孩子为了生活得更好而努力奋斗，活出生命的光彩，给予生命最靓丽的色彩；教导孩子感恩父母的辛苦养育；教导孩子学会感恩他人，正因为别人的付出，自己才能拥有幸福生活；教导孩子珍惜别人的劳动成果，珍惜眼前的生活和自己拥有的一切，同时通过自己的善行把这种感恩传递下去。一个没有感恩之心的孩子，永远不能真正懂得孝敬父母、理解和帮助他人，不会有社会责任感，更何谈承担起国家富强、民族振兴的历史使命。

有一则公益广告意义深刻。孩子推开门，看到妈妈端着一盆洗脚水给奶奶，说：“妈，洗脚。”孩子赶忙跑去端了一盆洗脚水过来，说：

“妈妈，洗脚。”父母的身体力行是对孩子进行感恩教育最好的示范，正所谓“上所施，下所效”。父母是孩子的第一任老师，因此，身体力行地做好孩子的感恩教育是父母义不容辞的责任和义务。要想取得好的感恩教育效果，父母必须把感恩教育落实到日常生活中，通过自己的善良举止、仁爱之心，以及孝敬长辈、与他人友好相处等行为唤起孩子内心的善良与爱心，点燃孩子的感恩之情。“感恩节”“母亲节”“父亲节”虽然是起源于西方的传统节日，但是也可以成为我们对孩子进行感恩教育的最好时机。

四、促进孩子情绪情感良性发展

当今社会流行这样一句话：“情商比智商更重要。”有研究表明，一个人的成功，情商占 80%，智商仅占 20%。

什么是情商？美国著名心理学家丹尼尔·戈尔曼将情商（emotional quotient，EQ）定义为“能够控制情绪冲动，理解他人内心深处的感受，熟练地处理人际关系”。这些本领用亚里士多德的话来说，就是“选择正确的对象，把握正确的程度，在正确的时间，出于正确的目的，通过正确的方式生气”。简而言之，也就是在与别人的交往中，为了达到期待的效果，能够认知具体情形并且知道该怎样去做。因此，想让孩子具有较高的情商，最主要的就是引导孩子管理好自己的情绪。

（一）营造宽松和谐的家庭情感氛围

家庭是孩子生活与发展的第一园地，是以血缘关系为纽带联系起来的共同体，每个家庭的情感氛围都是特定的，表现为统一的稳定的情绪状态。父母作为家庭情感氛围的主要营造者，在营造氛围的过程中：

一要以身作则并处理好彼此之间的关系。父母彼此之间要互敬互爱，有积极向上的情感体验，为孩子做好榜样，这样可感染孩子，从而能应对消极情绪。父母在一天的工作结束后，需要花费一定的时间做好反省工作，了解自身存在的缺点和不足，并行之有效地改正，做好孩子的榜样，及时发现孩子存在的不足并适时恰当地给予指导，营造宽松、和谐的氛围，为孩子的成长提供温馨、舒适的家庭环境。

二要善于引导孩子融入和谐的家庭氛围中。孩子的第一任老师是父母，无论是生活还是学习，父母都在孩子的成长过程中起着榜样作用。

这就要求父母做好表率，为孩子良好性格和积极情绪的养成营造良好的氛围。孩子在成长阶段，离不开父母的关照和温暖的呵护，父母首先要以身作则，让孩子在有爱的环境下成长，即使双方对同一问题存在着分歧，最好也要通过合理的方式解决。父母处理事情的态度与方式会影响孩子未来为人处世的态度和方式，父母为孩子创造的家庭环境持续地影响着孩子的生活，会成为孩子日后家庭生活的一个翻版或缩影。孩子，尤其是幼儿具有先天的模仿性，因此，父母要注意彼此的言行，尽量将最好的一面展现在孩子面前。

（二）教会孩子情绪自我调节的方法

情绪调节的方法有很多，而且每个人调节情绪的方法都不尽相同，父母要根据孩子的身心发展特点来决定使用何种方式来调节孩子的情绪，尽量运用多种方法来帮助孩子调节情绪。

第一，父母应帮助孩子用合理的方式调节自己的情绪。由于孩子年龄小且认知水平有限，对情绪没有较多的认识，因而无论情绪好坏，大部分孩子会通过声音与动作表现出来，不会调节自身的情绪去适应周围的环境，多数情况下都是需要帮助的。此时，父母要适时地帮助孩子调节情绪，教会孩子一些表达情绪的方式，比如言语表达方式，即在特定的情境下用特定的语言表达相应的情绪。

第二，父母要教会孩子学会倾诉。家长应告诉孩子不开心的时候，可以向老师、父母或者小伙伴倾诉，告知自己的感受，不把心事放在心里，要适当地发泄与释放出来。父母应做出示范，主动向孩子表达自己的情感，相互交流心情，如“我今天很开心”“我今天有点不高兴”“我今天很难过”，等等，这样既给孩子提供与他人交流的机会，又为孩子的社会性发展提供可能。

第三，通过适量运动来调适情绪。适量的运动可以帮助孩子控制自己的情绪，抑制发脾气的冲动。父母若发现孩子有产生不良情绪的倾向，应马上转移孩子的注意力，如进行玩水、玩沙子、打球等一些他们喜欢的运动，在运动中促使孩子释放情绪。若不奏效，可通过“运动+语言”来调适。如果都不起作用，也可让孩子哭出来以发泄情绪。

事实上，对孩子来讲，最简单也是最有效的方式就是父母用真心来关爱孩子，在适当的时候用适当的方式对孩子表达适当的爱，教会他们合理调节自己的情绪。

（三）创造良好的物质生活条件

良好的物质生活条件可为孩子学会调控情绪提供物质上的可能性。良好的家庭条件既包括整洁有序的生活环境，也包括宽敞明亮的活动空间。整洁有序、宽敞明亮的生活空间可为孩子提供更为优良的生活与发展条件，孩子的学习意愿会更强烈，孩子的情绪也会变得更富情境性。反之，狭小的空间易导致儿童产生压抑心理，如果孩子在其他因素的影响下出现情绪上的波动甚至失去控制，杂乱无章的居室会加剧孩子的不良情绪。孩子情绪的发展也会受到家庭生活内容丰富程度的影响。枯燥乏味的家庭生活易使孩子产生不良情绪，丰富多彩的家庭生活则会使孩子变得快乐与满足，有利于孩子对情绪的调控。合理的膳食也在家庭生活中起到重要作用，它可为保持情绪稳定提供所需要的营养元素，有利于孩子机体的正常发育，从而促进孩子健康情绪的发展。

五、促进儿童社会性发展

家庭是孩子早期生活最基本的环境，是最早的教育场所，也是儿童社会化的最初执行者和基本执行者。在家庭里，孩子可学到基本生活知识及技能、道德规范，养成行为习惯等。国内外研究证明，孩子的早期生活经验将影响其一生，而学龄前期又是接受儿童社会化的最佳时期。如今，大多数家庭的物质生活条件优越，从身体素质和成长速度来看，大多数孩子的身体状况良好，已经大大好于从前，但从“社会人”的角度来看，一部分孩子存在性格和心理上的缺陷。这些缺陷来自哪里呢？相当一部分来源于家庭。我们常说“父母是孩子的第一任老师”，那么，家庭便是孩子出生后的第一所“学校”，家庭就是一个“小社会”，因此，每个孩子进入家庭这个“小社会”所受到的教育会对孩子今后进入“大社会”产生深远的影响。

（一）家庭是儿童社会性发展的“温床”

个体一出生便进入的环境就是家庭，正是在家庭与社会环境的相互作用下，通过家庭成员的正确引导与教育，个体才逐渐成长为一个能掌握一定行为规范和道德标准，能正确地处理人际关系，从而适应社会的社会人。

（二）家庭是儿童社会性发展最初的“根基”

心理学家埃里克森认为：“父母对孩子的态度为孩子今后对社会的态度奠定基础。”父母受教育的程度不同，使得不同的家庭在儿童社会性发展中起到的作用也就不同。文化素养较高的父母，其心胸相对来说较开阔，对人对事的态度较为温和委婉，这样的父母教育出的孩子遇事相对冷静，能有自己的见解。

（三）家庭教育对孩子进入幼儿园后的社会学习起着重大作用

孩子从出生开始有近三年的时间是在家庭中度过的，在这一时间段，孩子所有的生活经验、行为习惯及简单的知识技能都是从家庭成员的身上习得的。接受良好家庭教育的孩子，通常在进入幼儿园后能较快地适应新环境，接纳除家庭成员以外的人，顺利地完成融入第二个社会群体的过渡；反之，在放纵型或忽视型家庭中长大的孩子进入幼儿园后，大多会经历一个很“痛苦”的时期，多数时候会表现出对他人强烈的排斥，不愿与人交流。

六、促进孩子审美能力发展

为提高孩子对艺术的鉴赏能力，培养孩子对生活和自然的欣赏能力及审美情趣，使孩子逐渐形成正确的审美观念和道德观念，父母可通过艺术和现实生活中的各种途径对孩子进行美的教育。然而，很多父母存在认识不清楚、理解不全面的问题。父母如何促进孩子审美能力发展，是需要深入思考的问题。

（一）以崇高之美启迪思想，诱发主动性

随着社会的进步，越来越多的父母重视孩子审美能力发展，越来越多的孩子开始艺术学习。这说明父母不仅关注孩子的成绩，还希望孩子能够生活得更加幸福。令人担忧的是，很多家庭缺乏对审美教育的正确认识及相关知识，有的忽略审美教育对孩子的重要性，有的过于热衷让孩子参加各种艺术比赛，让孩子在没有能力分辨美丑时，过早地通过技艺追求功名。在发展孩子审美能力的过程中，父母应提升美术素养，以身作则，诱发孩子的主动性，以润物细无声的方式引导孩子发现美、欣

赏美，从而创造美。[①] 父母可参加学校组织的家庭教育讲座、家长讲坛等，在活动前期筹备、活动中期组织、活动后期总结中提升自身的美术素养。

第一，知是行之成——由学校或家委会组织家长讲座，邀请家庭教育或艺术教育方面的专业人士给家长进行审美教育。

第二，行是知之始——由学校或家委会组织家长讲坛，邀请有特长的家长或专业教师给家长和孩子开设亲子“美艺”兴趣班。

第三，知行合一——由学校或家委会组织活动，项目包括假日小队、主题活动等，走出学校，走近老一辈艺术家。

阶段性的审美教育，能引导孩子形成主流、健康的审美观，美育不是以培养艺术家为目的，而是让人们获得认知美、感受美、创造美的能力，这种能力可以运用到任何行业和生活场景中，能够让孩子一生受益匪浅。

（二）以艺术之美提升素养，强化感受性

美是教育的本质，是教育的永恒主题。美到处都有，生活中不是缺少美，而是缺少发现美的眼睛。如孔子倡导“兴于诗，立于礼，成于乐”，王国维倡导好的教育是“始于美育，终于美育”。创设具有艺术美的大情境课堂，或联系孩子的生活经验，培养他们的美感；或让孩子通过联想，对艺术鉴赏及亲子作品进行“美”的判断。总之，富有艺术美的情境大课堂，能让父母及孩子感受到美、联想到美，从而追求美、领悟美。正如德国教育家第斯多惠所说：“教学的艺术不在于传授本领，而在于激励、唤醒、鼓舞，‘美术大单元课堂’正是具有这样的作用。”[②]

（三）以自然之美浸润心灵，贯穿实践性

大自然是取之不尽的艺术源泉，以自然之美浸润心灵，要强调“贯穿实践性”，不通过自己的实践，知识就难以转化为能力。例如，美术馆、文化馆、少年宫等，为孩子提供了优质的活动课程和艺术欣赏机会，孩子可通过观察、感受、欣赏大自然，听传说、趣闻、历史故事，

---

① 董东．浅谈原生家庭在美术启蒙教育中的重要性[J].戏剧之家，2019（27）：200.

② 凌长明．校外拓展：小学美术教学途径的新探索[J].教书育人：教师新概念，2018（5）：58.

从欣赏美过渡到展现美，把最美的东西通过艺术创作表达出来。[①] 父母应带孩子走进大自然进行综合性活动，在实践中培养和提升孩子的审美能力、创造能力。

（四）以生活之美激发情感，渗透教育性

美可以启智，可以育德，美育的价值对塑造美好心灵具有重要作用。在实施审美教育的过程中要注重渗透教育提升人的审美境界，使孩子受到美的熏陶，借助情感充分展现人性中善良、美好的一面。在家庭教育中，父母可充分运用中华优秀传统文化资源，弘扬社会主义核心价值观，培育孩子的民族精神，将爱国主义教育贯穿于实践，以美育人、以文化人，提高孩子的审美和人文素养，让“美”占领孩子的心灵，激起美好的情感，播下善良的种子，形成良好的道德行为，引导孩子爱美、乐善、求真。

美育是对心灵的润泽，是塑造美好人格的教育。在孩子成长的过程中，家庭是对孩子实施审美教育的天然摇篮，是学校和社会无法替代的。家庭美育不可缺少，它的主要任务是培养和提升家庭成员的美术素养，帮助孩子树立正确的审美观，培养孩子的审美能力和创造力，以形成美好的情感、良好的行为习惯，从而实现教育“立德树人”的根本任务。

---

① 范卓．如何推进家庭美术教育的有效开展[J].汉字文化，2018（3）：108.

第三章

考量家庭教育的现实状况

学前阶段是孩子受家庭教育影响最大的时期，因为此时的孩子尚不具备独立生活的能力，需要与父母保持身体和心理上的密切依恋关系，需要父母必要的甚至是全部的帮助。孩子的这种“未成熟状态”决定了他们必然受到家庭教育的巨大影响。因此，家庭教育对学前儿童以后的发展起着主导性作用。苏联教育家马卡连柯强调早期教育的重要性，他认为，必须从孩子诞生后就开始对他进行正确的教育，对一个人的教育是否成功取决于5岁以下的幼儿期教育。他还指出，教育的主要基础是在5岁前打下的，孩子将来成为怎样的人，主要取决于家长在他5岁前把他造就成什么样子，如果孩子在5岁前没有得到应有的教育，那么以后就不得不进行再教育。① 在儿童的早期教育上，“失之毫厘，谬以千里”，良好的开端是成功的一半，而错误的开端便是失败的先导。

本章基于《兰州城区大班幼儿家庭教育现状研究》的量化数据与分析，结合当前教育的典型事例，客观地呈现家庭教育的现实状况，为儿童家庭教育研究提供基本资料。《兰州城区大班幼儿家庭教育现状研究》在量化研究的基础上，以兰州城区大班儿童为研究对象，运用与以往家庭教养研究不同的方法，结合当地经济、文化背景，了解家长的教育观念、教养态度、教育内容、教育行为及儿童发展水平，分析当时当地家庭教育的特点与不足，然后根据兰州城区大班儿童家庭教育的现状与家长的需求，有针对性地提出教育对策，以期为当今儿童家庭教育提供依据，并给予一定的指导建议。

---

① 马卡连柯. 儿童教育讲座[M].诸惠芳，译，石家庄：河北人民出版社，1997：4.

第一节

家长是如何影响孩子的

一、家长的教育观念与行为脱节

我对兰州城区大班儿童家长的教育观念进行了调查，按照三个维度的内容，即教育观、儿童观和成才观，以及三个维度的衡量标准，即以儿童为中心还是以成人为中心、重过程还是重结果、重儿童的潜能发展和价值体现还是重社会需要，设置了9个题目的调查问卷，家长平均得分越低则说明家长的教育观念越偏向于现代型，越高则说明家长的教育观念越偏向于传统型（表3-1）。

表3-1　家长教育观念得分一览表

维度	教育观	儿童观	成才观	均值
以儿童为中心还是以成人为中心	1.89	1.93	2.47	2.10
重过程还是重结果	2.04	2.19	2.11	2.11
重儿童的潜能发展和价值体现还是重社会需要	2.01	2.08	1.97	2.02
平均得分	1.98	2.07	2.18	2.08

表3-1表明，家长的教育观、儿童观和成才观的平均得分分别为1.98，2.07和2.18；在以儿童为中心还是以成人为中心、重过程还是重结果及重儿童的潜能发展和价值体现还是重社会需要三方面，家长的教育观念均偏向于现代型。也就是说，儿童家庭教育更加民主，家长重视孩子的教育过程而不是结果；重视儿童的潜能发展，而不是更多地追求社会需要；更多关注孩子品德、行为习惯的培养，而不是孩子的学习成绩。通过使用SPSS软件统计分析发现，

家长的学历（-0.262**）① 与教育观念类型得分呈显著负相关，即家长学历越高，其教育观念越偏向现代型。从表面上看，这是值得兴奋的结果，但是结合访谈调查发现，家长的教育观念与教育行为有严重脱节的倾向。

（一）高期望、高智能的人才观

在访谈家长后发现，37.8%的家长持有“博学多才”的成才观，60.5%的家长要求孩子样样争第一，如“现在这个社会需要博学多才的人才，什么知识都得懂点儿，什么技能都要通点儿，不然就会被社会淘汰。我们都想孩子得第一，但是能不能得到，我们也不强求”（摘自2009年11月6日对儿童母亲的访谈记录）。有75%以上的家长认为好孩子的标准是勤奋好学，如“谁不喜欢学习好的孩子？聪明、好学习就招人喜欢”（摘自2009年10月27日对儿童母亲的访谈记录）。多数家长对孩子的学历期望是达到高等教育水平，如“爸妈就这样了，现在有这个条件让娃娃受教育，就应该让他考大学，念研究生，他能念到哪，我们就供他到哪”（摘自2009年10月27日对儿童父亲的访谈记录）。大多数家长对孩子的职业期望是从事脑力劳动的职业，在访谈中问及这一问题时，家长们像信奉某条真理一样地认为孩子应该从事脑力劳动，如“当然是脑力劳动了，这还用问吗？我还能知道啥是脑力劳动，啥是体力劳动，像我们这样每天累死累活地在厂里干活，还挣不到太多钱，就是体力劳动”（摘自2009年11月4日对儿童母亲的访谈记录）。家长期望子女成为智能型人才，将来从事专业技术工作。然而，胡咏梅和李佳丽（2021）以社会认知理论和社会资本理论为基础，发现“学生自我教育期望是实现望子成龙的关键，家庭社会资本只有在父母与子女具有一致的高教育期望时，才能通过频繁的亲子交流、亲子陪伴进行有效传递”。也就是说，子女的学业表现除受到父母教育期望的直接影响外，还受到子女自我教育期望的影响。一旦父母的高教育期望不能与子女自我教育期望相匹配，很可能演变为“恨铁不成钢”。

① **表示相关性在0.05水平上显著，在95%的可信度之下；*表示相关性在0.01水平上显著，在90%的可信度之下。

（二）承认儿童具有自主性与要求儿童依附成人并存的儿童观

家长的儿童观是指对儿童权利、地位和儿童发展规律的认识。调查表明，在对子女的认识上，绝大多数家长认为教育要“考虑孩子自身的特点”，如持“孩子是在不断变化的，现在聪明的孩子将来不一定有出息”观点的家长占78.6%，持“为了促进孩子的成长，在对孩子提要求时，首先要考虑孩子的特点，然后是社会需要”观点的家长占85.0%。显而易见，家长对于儿童的自主性已经有了正确的认识，但是对于年幼的子女，仍有部分家长要求儿童依附成人，这也是无可厚非的。因为子女年幼体弱，生活经验、能力缺乏，确实需要家长给予较多的关心和照护。另外，近年来社会上的一些不安全因素加重了家长对子女的忧虑和责任。但儿童自我意识已萌芽，有了独立意识和要求，家长应该认识到“儿童是人，是独立的人，是正在成长发育中的‘未成年人’”。独立意识和能力是儿童品德、智力、身体，特别是优良的心理品质发展的重要条件，因此，家长应重视儿童的主观能动性，随着子女年龄的增长，逐渐培养其独立的意识和能力。

（三）以儿童为本的教育观

相对于强调家长在教育中的主动权、学习成绩是评价孩子好坏的唯一筹码、教育是“为了有个好前程”这些传统的教育观，现代科学的教育观认为教育并非万能的，其更重视教育的有效性、因材施教的教育原则等，教育目标、教育任务、教育方法的设立也体现出更多的“以儿童为本”“以儿童健康发展为本”的趋势。如在《兰州城区大班幼儿家庭教育现状研究》中，持“对孩子进行特长培养，首先要考虑孩子的兴趣，然后是家长的需要”观点的家长占85.3%，持“评价子女的学习，看孩子投入不投入比看学习成绩更重要”观点的家长占81.0%，持“教育孩子的目的，首先是充分地发挥孩子的潜能，然后是为社会服务”观点的家长占85.0%。可见，兰州城区大班儿童家长在对儿童实施教育时秉持以儿童为本的教育观，具有承认并尊重每个儿童发展的主体性、潜能、差异性等现代教育理念。

二、家长对孩子的教养态度以权威型为主

调查结果显示，绝大多数家长都非常爱自己的孩子，认为他们是聪

明的，是值得花时间进行智力开发的，对孩子的未来充满信心和憧憬。在亲子关系方面，62.8%的家长会应孩子的要求，马上抱孩子亲热一番，有63.2%的家长与孩子一同玩耍的前提是自己有空，也就是说，当家长没有空闲的时候，孩子将失去与家长玩耍的机会。在关于家长尊重孩子的调查项目中，家长们在回应儿童提问、尊重儿重这类问题上有了共识，能给出积极的反应。在家长对儿童的管教方面，调查结果显示，家长对儿童管教程度不够。

（一）以权威型为主的家庭教养态度

本研究的教养态度板块包括反映教养态度的“关爱程度”和“管教程度”两个特性，以及根据“关爱程度”和“管教程度”两个特性而划分的家长“教养态度类型”，共三个指标，这三个指标的得分是根据教养态度调查项目中12个题目的得分获得的。按评分规则，对每一个题目分别给予1至5分，最后将家长的教养态度类型划分为图3-1中的4种类型。研究数据显示，兰州城区大班儿童家长的教养态度以关爱—管教型为主，即权威型的教养态度占主体。在多数情况下，这是最有利于孩子成长的抚养方法，其特点是理性、严格、民主、耐心和友爱。通常意义上，持这种教养态度的父母对孩子给予中等程度的关爱和中等程度的允许和限制，对孩子温和，能接纳孩子合理的意见和想法，亲子间采取开放的态度和方式进行沟通。这种教养方式下培养出来的孩子，情绪稳定、乐观向上、独立、爱探索，能积极主动地解决问题，能和同伴友好相处，在人格等各方面均得到较好发展。

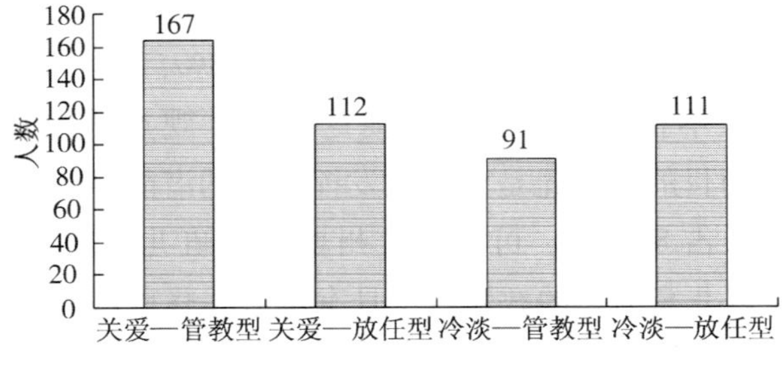

图3-1　家长教养态度类型

家庭教育中不同负责人的教养态度类型见表3-2。

表 3-2　家庭教育中不同负责人的教养态度类型　　人

负责人	关爱—管教型	关爱—放任型	冷淡—管教型	冷淡—放任型
父亲	80	49	38	42
母亲	72	54	42	60
祖辈	15	9	11	9

父亲的教养态度类型以关爱—管教型和关爱—放任型为主，母亲以关爱—管教型和冷淡—放任型为主，祖辈家长以关爱—管教型和冷淡—管教型为主，可以看出，对子女的教养态度中，父亲的关爱度最高。

通过使用 SPSS 软件分析发现，家长的学历水平（0.255*）与其对子女的关爱程度存在显著正相关关系，但与其管教程度没有显著的相关关系，具体表现为家长的学历水平越高，对子女的关爱度越高。相对应地，在对 4 种教养类型家长的学历水平进行统计时发现，关爱—管教型和关爱—放任型家长的主要学历是大专及大学本科。也就是说，这一部分家长既对子女关爱有加，又能对孩子的行为进行管教，关爱与管教较为适度。

（二）独生子女得到的关爱更多

通过使用 SPSS 软件分析发现，“是否为独生子女”与家长对子女的关爱程度有显著的负相关关系（表 3-3），也就是说，独生子女家庭对子女的关爱度要显著高于非独生子女家庭，而在家长对子女的管教方面，没有显著的相关关系。（这一结果与当时的社会现状有关，如今可能会有所出入。）

表 3-3　儿童家庭基本情况与家长教养态度的相关分析

项目	相关分析	独生子女（是、否）
关爱程度	相关系数	-0.139**
	Sig.（2-tailed）	0.002

注：样本量为 489；** 指相关性在 0.01 水平上显著（2-tailed）。

三、家长的教育行为

根据家长进行某项教育的频次，由低到高赋予分值 1 至 4 分。根据

表3-4的数据，79.4%的家长经常对儿童进行文明礼貌和行为习惯的培养，56.6%的家长对儿童交往能力的培养最为关注。对于儿童知识方面的培养，经常进行培养的家长人数占总调查人数的48.8%。对于增进健康、增强体质的运动能力的培养，家长关注度不高，经常进行培养的家长人数少。

表3-4　家长的教育行为情况调查　　%

分值	增进健康、增强体质的运动能力的培养	识字、计算、英语和拼音等知识的培养	特殊才能培养	文明礼貌和行为习惯培养	交往能力培养
1	4.0	4.4	24.5	5.8	7.0
2	10.7	6.9	14.1	3.9	8.5
3	37.6	39.9	24.7	10.9	27.9
4	47.7	48.8	36.7	79.4	56.6

（一）道德教育重新得到家长的重视

调查数据显示，“文明礼貌和行为习惯培养”是家庭教育的主要内容之一，即道德教育是家庭教育的重点。重视道德教育，是我国家庭教育的传统。孔子认为道德教育高于知识教育，“仁”是最高的道德品质，“孝悌”是道德教育的根本，“礼”为道德教育的规范，“中庸”是道德教育的准绳，“忠恕”教育应贯穿整个家庭教育过程。① 到了现代，道德教育往往成为家长、学校忽视的对象。本调查结果显示，道德教育重新得到了家长的重视，这相对于以往研究中家庭教育“重养轻教”“重智轻德”的状况，无疑是一大进步。

（二）交往能力的培养成为家庭教育新取向

如表3-5所示，越来越多的家长将培养孩子的交往能力纳入家庭教育的范畴。现代社会要求人们具有广泛的合作精神，这就需要儿童有较强的交往能力。儿童在与伙伴的交往中交流知识、经验与技能；在交往中认识自己、了解他人，体验欢乐与痛苦，并从中培养同情、分享、合作、友爱等良好情感和行为。如何引导孩子与同伴友好协作，如何在家庭中培养孩子的交往能力，这是家长需要思考的问题。调查数据说明家

① 尹康平，邢妍．浅论中国传统家庭教育思想[J].保山师专学报（哲学社会科学版），1997，16（3）：9-14.

长对这一问题已有所关注，但是在访谈中了解到，家长就这一内容对子女进行培养的方法是“多和他玩，带他出去见人”“教他学说话，如‘谢谢’‘你好’‘再见’”；对于儿童是否具备与他人交往的能力，很多家长认为“我女儿可能和人说话了，你不让说都不行，就像‘您好’‘谢谢’‘再见’这些，她都会说”（摘自2009年10月24日对儿童母亲的访谈记录）。可见，家长对这一问题的认识还不够准确，对儿童交往能力的理解较为狭隘，对其重要性的认识还不够深刻，也就是说，家长的教育还不得法。

（三）家长对儿童健康教育的认识仍有待提高

如表3-5所示，家长对于增进健康、增强体质的运动能力的培养，关注度不高。结合访谈内容，我们了解到很多家长将更多的注意力放在孩子的身体健康方面，而且主要通过是否患有疾病来判断孩子健康与否，尤其是祖辈家长，他们主要关心儿童的饮食、穿戴、游乐等，他们认为“能吃”“胖”“不生病”“耍得好”的孩子就是健康的孩子，如“这娃儿好动得很（甘肃方言，意为淘气），身体健康”（摘自2009年10月21日对儿童爷爷的访谈记录）；“耍的时候不知道累，害得很（甘肃方言，意为非常淘气），能吃能耍，睡得也好，就是健康吧”（摘自2009年10月21日对儿童姥姥的访谈记录）。

幼儿健康应包括身体健康和心理健康两方面，在本研究中，鲜有家长关注幼儿的心理健康。

四、知识教育仍然是家庭教育的主题

从表3-5的调查数据可以看出，家长最关注幼儿的知识教育，有35.4%的家长选择在业余时间让孩子学习、做作业等，其中既有父辈家长又有祖辈家长。由于工作的压力，有10.3%的父辈家长选择在业余时间为了事业而继续工作、学习、进修，而且这一部分人以父亲居多。相对于父辈家长，祖辈家长更愿意在业余时间与孩子一起唱歌、跳舞、讲故事、做游戏等。在对家长进行访谈时，有家长谈道：“我们对孩子的学习抓得很紧，幼儿园现在学不到什么，那些课程我女儿早就学完了，现在都是她放学后我来教”（摘自2009年11月20日对儿童母亲的访谈记录）；还有一位家长主动向我咨询：“我女儿马上就要上小学了，公立幼儿园里孩子学不到什么，每天就是玩，和私立幼儿园的孩子比差远了，人家都会好几百个字了，我女儿还一个字都不会，我怕她上学后会落后。你说，我现在是不是应该给她换园”（摘自 2009 年 11 月 27 日对儿童母亲的访谈记录）。可见，知识教育仍然是大多数家庭最为关心的话题，子女掌握更多的知识仍然是每一位家长追逐的目标。

表 3-5　家长业余时间支配情况调查 %

家长类型	家务	为了事业而继续工作、学习、进修	进行看电视、跳舞、打牌等成人的娱乐活动	与孩子一起唱歌、跳舞、讲故事、做游戏等	教孩子学习、做作业等	其他
父辈家长	22.9	10.3	3.5	24.3	36.0	3.0
祖辈家长	33.3	0	7.4	25.9	33.3	0.1
总体情况	24.0	10.3	3.6	23.8	35.4	2.9
独生子女家长	21.9	10.7	4.3	25.7	35.1	2.3
非独生子女家长	37.9	7.7	3.6	10.8	38.5	1.5

五、关于儿童发展情况的调查

本研究中儿童发展水平板块共有 11 个分项目，每个分项目包括 2 个子项目，共计 22 个子项目。先根据所选答案对“身体适应能力”“生活习惯”“卫生习惯”“学习习惯”“品行习惯”“独立性”“与同伴的关系”“自控能力”“关心他人”“求知欲”和“亲子关系”11 个分项目的每一个子项目的发展水平评分，评分的标准是按答案的排列顺序的先后分别给予 1 至 4 分，然后将每一个分项目包括的 2 个子项目的得分相加，相加后的合计分即为该分项目的发展水平。合计分越高，表明该分项目发展得越好；合计分越低，表明该分项目发展得越差。将 11 个分项目的合计分进行累加，累加得到的总分即为儿童发展情况的总体水平。总分越高，表明该儿童发展情况的整体水平越高；总分越低，表明该儿童发展情况的整体水平越低。研究数据表明，在 11 个子项目中，儿童发展得最好的是卫生习惯，其次为求知欲，发展得最差的是学习习惯（表 3-6）。

表 3-6 儿童发展情况调查

项目	平均得分	祖辈教育下成长的儿童	父辈教育下成长的儿童	独生子女儿童	非独生子女儿童
身体适应能力	5. 84	5. 89	5. 92	5. 89	5. 95
生活习惯	5. 93	5. 89	5. 95	5. 93	5. 94
卫生习惯	6. 96	6. 63	7. 06	7. 06	6. 80
学习习惯	5. 54	5. 67	5. 54	5. 53	5. 65
品行习惯	5. 79	5. 91	5. 79	5. 83	5. 51
独立性	5. 82	5. 65	5. 85	5. 79	6. 02
与同伴的关系	6. 56	6. 72	6. 56	6. 54	6. 69
自控能力	5. 95	5. 84	6. 04	6. 04	5. 84
关心他人	6. 02	5. 68	6. 06	6. 00	6. 18
求知欲	6. 75	6. 62	6. 74	6. 76	6. 66
亲子关系	6. 03	5. 65	6. 09	6. 05	5. 89
儿童发展情况	67. 19	66. 15	67. 60	67. 42	67. 13

（一）儿童学习习惯的培养相对滞后

调查数据表明，在儿童整体发展水平中，儿童的学习习惯得分最低，说明家长对幼儿学习习惯的培养相对滞后。从以上的分析中我们发现，家长对于子女的知识教育相当关注，但是仅限于看儿童掌握多少生字、会说多少英语单词、会计算多少以内的算术题等，却忽视了学习中最重要的一点——学习习惯的养成。叶圣陶先生说过："教育就是培养习惯。"学习习惯是指学生为达到良好的学习效果而形成的一种学习上的自动倾向性。良好的学习习惯是儿童今后学习、生活的重要基础，习惯一旦养成，就会成为支配人生的一种力量。良好的学习习惯是提高学业成绩的重要保证，也是一个人成才的重要因素。

（二）独生子女与非独生子女的整体发展水平差异不大

由表 3-6 可以看出，独生子女的整体发展水平高于非独生子女的整体发展水平，但是差距不大。值得注意的是，独生子女的独立性、与同伴的关系和关心他人的得分均低于非独生子女。

就 5~6 岁的独生子女来说，大多数成人认为其缺乏独立生活的能力，如不会系鞋带、分不清鞋子的左右等，这与大多数独生子女娇生惯养有关系，因为独生子女是家里的"小皇帝""小公主"，他们大多以自我为中心。但在对教师的访谈中发现，教师认为独生子女比上一代有兄弟姐妹的孩子更加自信，更有见识，而且更加大胆，敢于在别人面前表现自己，这是一种新的独立精神。访谈中某教师的评论很有代表性："如今的儿童聪明得多，接受能力强。这主要是因为他们有较多的时间同大人在一起，他们的语言和趣味受到成年人的极大影响。比如这个孩子（她指向一个孩子），他家里就一个孩子，他家长经常教他一些物理知识，你看他就会说很多物理方面的词，懂的多得很。"（摘自2009年9月24日对儿童教师的访谈记录）另外一位从教20余年的老教师说："从前的孩子比较温顺而服从，在家里比较循规蹈矩，现在的儿童则更聪明，更会说话，同时也更加难管"（摘自2009年9月24日对儿童教师的访谈记录）。尽管独生子女的发展水平并不像我们过去认为的那样与非独生子女存在很大差距，但是，独生子女本身确实存在固有的特异性，本研究结果显示，独生子女在独立性、与同伴的关系和关心他人方面还是比非独生子女相对差一些。而这些也正是我们教育应注意的内容，就如同访谈中的一位家长谈道："（独生子女）整个家庭生活水平较高，假如有一个苹果，你不必切成两半，至于这些孩子性格上的弱点，则应该由家长和老师加以纠正"（摘自2009年11月26日对儿童父亲的访谈记录）。因此，要正确对待独生子女的教育。

（三）隔代教育影响儿童整体发展水平

从表3-6的数据可以看出，儿童整体发展水平最低的是祖辈作为主要教养人的家庭的孩子，其中，与同伴的关系得分最高，亲子关系得分最低。具体表现为生活习惯、卫生习惯、独立性、自控能力、关心他人、求知欲和亲子关系7个项目的得分均低于父辈作为主要教养人的家庭的孩子。

家庭教育一直存在两种基本的教育形态，其一是父母对子女的亲子教育，其二是祖辈对孙辈的隔代教育。隔代教育相对于亲子教育而存在，二者共同构成家庭教育的主体。[①] 据中国老龄科学研究中心对全国城乡20083位老人的调查，照看孙辈的老人占了66.47%，隔代抚养孙

---

① 李洪曾．隔代教育的利弊分析[J].山东教育，2002（33）：42-43.

辈的女性老人在城市和乡村更是分别高达71.95%和73.45%。① 有关部门对30个省市的3080位老人家庭进行抽样调查，结果表明老人帮助照管孙辈的家庭占58%。② 调查数据在一定程度上表明了隔代教育在家庭教育中所占比例呈现增长的趋势。正因如此，隔代教育的水平如何，将在很大程度上决定家庭教育的质量，进而关系到儿童的健康发展。调查显示，兰州城区祖辈家长虽不是大班儿童的主要教养人，但反映出的隔代家庭教育问题仍需引起注意。

（四）家长素质影响儿童整体发展水平

本研究通过使用SPSS 11.5应用软件对数据进行相关分析，得到了以下结论：家长学历越高，孩子的卫生习惯（相关系数为0.128**）、品行习惯（相关系数为0.169*）和亲子关系（相关系数为0.105*）越好。在大多数家庭中，家长文化素质高，就能树立较为正确的教子观，而且教育态度端正，教育能力也较强，并且会运用正确的教育方法，因此教育效果也好。同时，一般来说，文化素质高的家长都比较重视建立文明、健康、科学的家庭生活方式，重视文化知识的作用，因此，这样的家长大都能给孩子提供一个有利于身心健康的家庭生活环境和学习环境。

---

① 沈锄云．认知隔代教育[J].老年人，2000（9）：4-5.

② 晓明．您是否感到力不从心——隔代教育问题浅谈[J].长寿，2002（9）：44-46.

第二节

家庭教育既有优势亦有不足

一、家庭教育的优势

2021 年 10 月 23 日，中华人民共和国第十三届全国人民代表大会常务委员会第三十一次会议表决通过了《中华人民共和国家庭教育促进法》，这是我国首次就家庭教育进行专门立法。此次立法，一方面，反映了家庭教育的重要性，将其由传统“家事”上升为新时代的重要“国事”，大力弘扬中华民族家庭美德，是促进未成年人健康成长和全面发展的法治保障；另一方面，切实为家长赋能，明确未成年人的父母或者其他监护人负责实施家庭教育，国家和社会为家庭教育提供指导、支持和服务。

（一）家庭教育受到空前关注

首先，在儿童教育投资方面，以兰州城区某幼儿园为例，家庭的月均支出一般为 500 ~ 600 元，如“我们一年用在孩子教育上的花销是 10000 元，其中包括幼儿园每学期的收费 1900 元，英语班是一定要上的，还有舞蹈班、美术班等”（摘自 2010 年 4 月 29 日访谈记录）。时至今日，幼儿教育投资仍然是每个家庭的主要支出内容。

其次，在家长对家庭教育理论的关注方面，有位家长说道：“我从孩子一出生就开始关注孩子的家庭教育，我不是搞教育的，但是我经常和朋友一起聊这些，也看我身边的孩子（学习成功家教经验）。我看过一篇报道，说要让孩子多识字，所以我就经常带着我孩子认字，我们走在马路上，我就说‘那是中国人民银行’……我觉得孩子认字多了，她的理解能力就强，能听懂人说话”（摘自 2010 年 4 月 29 日访谈记录）。在与教师的访谈中了解到，这位家长有自己的家庭教育理论，而且他的家教方法初见成效。

最后，在家长对幼儿园家园互动活动的支持与配合方面，以兰州城区某幼儿园为例，全园家长有 90%以上能够按时参加家长活动日的活动。

（二）良好的家庭环境是儿童成长的有力保障

随着人们生活水平的提高，家庭用于教育投资的比例升高。首先，关于儿童参加特色班的情况，王冬兰（2007）在对兰州市某示范幼儿园儿童上特色班的调查中发现，随着年龄的增长，从小班到大班，儿童上的特色班项目在增多，时间在延长，70.4%的大班儿童在上特色班，包括珠心算、钢琴、围棋、英语、舞蹈、声乐、绘画等，其中，参加两项及两项以上特色班的儿童占参加特色班儿童总数的 52.7%。其次，家庭中儿童拥有的各种书籍、玩具丰富。在访谈中了解到，大多数儿童在家庭中有自己的玩具柜，家长们甚至不清楚家里到底有多少玩具，总是坏了就买，孩子不喜欢了就买，还有亲戚朋友送来的。图书的购买成为家庭的另一项教育投资，每隔一段时间家长都会为孩子购买图书，而儿童图书的价格不菲。良好的家庭经济情况是幼儿健康成长的有力保障。

（三）良好的家长素质是家庭教育成功的前提

家长素质对子女的成长起着潜移默化的作用，同时又是家长实施家庭教育所必备的基础。作为施教者的父母，其素质的高低对家庭教育的质量有很大的影响，可以说，家庭教育的成功在一定程度上取决于家长的素质。

1. 家长的受教育程度

有研究表明，受过高等教育的家长，其学习指导能力相对较强，子女的学习成绩、品德表现普遍高于未受过高等教育的家长的子女。本研究中，兰州城区家长的文化程度以大专及以上学历为主，其教育观念偏向现代型，对待子女更多地采用权威型教养态度，即给予子女适当的关爱和管教，更加关注子女的知识教育，子女的卫生习惯、品行习惯和亲子关系更好。在儿童身心发展板块，家长的学历水平与子女身心发展水平存在显著相关关系，具体表现如下：与子女卫生习惯存在非常显著的正向相关关系，相关系数为 0.128^{**}；与子女的品行习惯和亲子关系有显著的正向相关关系，相关系数分别为 0.169^{*} 和 0.105^{*}。

2. 家长的职业

本研究对家长的职业类别进行了统计分析，结果表明：不同职业类别家长的教育观念存在显著差异，相比于工人、农民和无业家长，从事专业技术的家长的教育观念更加现代化，其以儿童为中心，更重视教育过程和个人潜能的发展。这是因为从事专业技术的家长在家庭教育的互动过程中能够较好地发现、引导子女的兴趣爱好，并用以往自己在社会化过程中积累的知识、经验去教育子女。人们常说“老子英雄儿好汉”，这句话除了有先天继承的意思，也表示在后天的施教过程中，父母能通过其“英雄”的素质去教育、培养子女，使子女吸收父母的长处而成为“好汉”，这就体现了家庭教育的“显性功能”。

工人、农民和无业家长在实施家庭教育的过程中，可能不易正确地把握教育的方向和方式，未树立让孩子全面成长的观念。另外，由于自身文化素质较低，此类家长在施教过程中常无法解决孩子提出的问题，因而难以与孩子进行全方位的互动。

3. 祖辈家长的教育能力

调查发现，兰州城区大班儿童的祖辈教养人整体偏年轻化，并非像以往人们所认为的那样“年老体衰，没有教育能力”。这使得祖辈教养人有足够的时间和精力与孙辈在一起生活，对孙辈的观察较细致。而且，祖辈家长在长期的社会实践中积累了丰富的社会阅历和人生感悟，更有利于培养孙辈的心智，可以成为忙碌的父辈家长的有力支持者。调查数据显示，祖辈为主要教养人的家庭，每天有孙辈的小伙伴来家里玩的比例为 7.4%，高出父辈为主要教养人的家庭 2.6 个百分点；孙辈每天出去玩的比例为 25.9%，高出父辈为主要教养人的家庭 8.3 个百分点；由祖辈家长陪同出去玩的比例为 48.1%，比父辈为主要教养人的家庭高出4 个百分点。由这些数据可以看出，祖辈家长的业余时间充裕，在身体条件允许的情况下，他们乐于带孙辈出去玩，使得孩子与同伴交往的频率较高。

4. 家长的教育观念

在如今人性化、民主化、现代化的社会中，家长的教育观念在教育观、儿童观、成才观三方面均表现为更加以儿童为中心、更加注重儿童发展的过程，同时也在成才观方面更加注重儿童潜能的发展，可以说，家长的教育观念跟随时代发展的步伐不断更新，具体表现在以下几个方面：

从家庭教育的角色分配上看，调查数据显示兰州城区大班儿童家长中有40%的父亲主动参与子女的教育，对子女的教育负主要责任，并且父亲作为主要负责人的教育观念较之母亲的更加偏向现代型。相对于我国长期形成的“男主外、女主内”的家庭角色分配，这无疑是一种进步。有学者对父亲角色的重要性做出分析，父亲参与孩子的教育，可以帮助孩子确定自己的性别角色，具体表现在：帮助男孩明确男性角色，帮助女孩了解异性特征；帮助孩子形成积极的个性品质，常与父亲接触的孩子显示出勇敢、强悍、意志坚强等特征，有更强烈的生命激情；提高孩子的交往能力，父亲与孩子接触越多，孩子的交往能力越强；促进孩子的认知发展。①

从家庭教养的态度上看，调查数据显示，兰州城区大班儿童家长的教养类型中关爱—管教型的比例最大。平等民主的家庭教育方式越来越被大多数家长所关注和接受，家长教养态度的改善使得儿童接受家庭教育的程度和效果向着良好的方向发展。可见，“棍棒底下出孝子”的教养方式已经鲜有市场。

从家庭教育的内容上看，调查分析发现，道德教育重新得到家长的重视，这与以往研究中所发现的家庭教育“重养轻教”“重智轻德”的状况相比，无疑是一大进步。由于城市中儿童的交往对象与交往机会相对较少，因而家长们将儿童交往能力的培养列入家庭教育范畴，以增强儿童的人际交往能力，弥补儿童成长中的缺憾，满足当前社会的需要。

二、家庭教育的不利因素

（一）“高期望”“低管教”——家庭教育的无奈

一般认为，家长对孩子的高期望会伴随着家长对孩子的高要求、严管教。然而，本研究发现在家长对子女的“高期望”背后是对子女的“低管教”，其中暗含着家长的无奈与不知所措。本研究随机访谈兰州城区大班儿童家长37名，具体调查结果如下：

---

① 周玲．父亲参与家庭教育的影响力及现状分析[J].金华职业技术学院学报，2006，6（2）：84-87，90.

1. 高期望的表现

（1）学历期望：大多数家长认为孩子的受教育程度应该达到高等教育，占 69.7%。

（2）职业期望：大多数家长认为孩子应该从事脑力劳动的职业，占 83.5%。

（3）孩子成为什么样的人：总体选择比例最高的是“博学多才”，占 37.8%；其次是“正直善良”，占 29.9%。

（4）对要求孩子样样争第一的看法：大多数家长希望孩子样样争第一，占 60.5%。

2. 低管教的表现

在家长的教养态度（关爱和管教）中，家长管教的平均得分较低，也就是说，家长对儿童的管教度不高，调查中有 61.8%的家长对孩子的管教采取放任的态度，认为“孩子还小，不应该要求”，或者只是提出要求，“孩子做不做无所谓”。

结合访谈内容和搜集的相关资料，我认为导致这一问题的原因有以下几个方面：

第一，社会的发展使得家长不得不对子女报以较高的期望。

如今，家庭教育备受关注，越来越多的家长开始为“一次性教育”担忧，他们不得不利用有限的时间培养家庭的“希望”。于是，他们将家庭教育作为达成个人目标、实现个人利益最大化的工具，把与收入不成比例的大笔钱投到孩子的教育上，他们期望孩子未来能给他们一份理想的回报：一张理想大学的录取通知书，一份好的职业，一份优厚的薪水，一个让人羡慕的体面身份。他们认为投入得多，才能回报得多，本着这样的观念，他们在教育过程中就会“冷静地审视周围的教育资源并计算得失，慎重地考虑付出的成本与承担的风险，以求个人利益最大化[①]”。然而家长的期望是建立在高考这根“指挥棒”上的。高考作为选拔性考试，残酷性无法避免，如今我国人口数已突破 14 亿，这样大的人口基数使得高等教育资源“吃紧”。以 2020 年为例，参加高考的考

① 徐新中，王春燕. 走出“5+2=0”的怪圈：也谈提高学校德育工作实效性[J].教育科学论坛，2006（4）：69-71.

生人数为1071万，而全国普通高校本、专科招生人数仅有790.99万，比上年增长3.87%。不难发现，尽管招生人数有所提高，但是高等教育仍然不可能人人享有，仍然有部分学生未能升入大学，但它并不是学生学习水平和学习能力的反映，更不是家长投入多少的结果，而是社会发展的结果。

第二，媒体“催化”促使家庭教育“热”非理性升温。

“不要让孩子输在起跑线上”这一口号，通过各种媒体的广泛炒作，已成为各种各样的“家庭教育方案”和家长们解释自己教育理念的绝佳说辞。大多数家长承认自己不懂幼儿教育，不知如何有效地教育自己的孩子，因此在家庭教育上的投入不断增加。由北京大学中国教育财政科学研究所正式发布的国内首个专门针对家庭教育支出的大型调查——2017年中国教育财政家庭调查结果显示，2016年下学期和2017年上学期，全国学前和基础教育阶段家庭教育支出总体规模约19042.6亿元，占2016年GDP的比重达2.48%，远高于2016年全国教育经费统计中非财政性教育经费占GDP的比重1.01%的结果，总量上相当于财政性教育经费的60%。① 面对家庭教育这一巨大的市场，近20年来，我国家庭教育类杂志、报纸成倍增长，电台、电视台推出的家庭教育栏目不断增多，以极具诱惑力的教育“成功典范”为名的家庭教育方案、书籍、音像制品层出不穷。大众传播媒介作为商家包装、推销的手段，竭尽全力对家庭教育的功能进行宣传，使得家长对家庭教育寄予不切实际的厚望。通过访谈，我们了解到家长对即将升入小学的子女进行额外的知识教育，所使用的“教材”正是市场上热销的儿童教育产品。在访谈中，一位具有硕士研究生学历的家长谈道：“我的女儿已经学完幼儿园里的英语了，都是我自己教的，幼儿园的英语特色班（教学内容难度）太浅了，我现在在教我女儿××英语，全套的”（摘自2009年11月3日对儿童母亲的访谈记录）。

家长对社会上各种教育专家的追捧，更是乐此不疲。教育专家，在社会上举办家长讲座，撰写家庭教育理论与实践书籍，推出“先进”的家庭教育方法。这一方面向家长渲染了家庭教育的重要性，另一方面

① 揭开中国家庭教育支出的“盖子”[N].中国青年报,2018-01-15(10).

也增大了家长对家庭教育的付出值（即对孩子成才的期望值）。面对社会上大众传媒打造的所谓“专家”的教育言论，家长应思考这些教育理论是否适合自己的孩子，国外的优秀家庭教育方法是否适用于中国的孩子。

第三，家庭教育缺乏科学性。

相对于正规的教育机构，家庭教育中的施教者——家长，对孩子的实际发展水平与成长规律缺乏正确的认识，因此许多家长在实施家庭教育时没有合理的教育目标、教育方法、教育内容，这使得家长在对孩子报以高期望的同时，以低管教的教育态度应对具体教育事项。

绝大多数家长都“望子成龙”“望女成凤”，但父母对孩子却未必有全面、正确的认识。他们对孩子所提出的目标仅仅从社会价值取向、个人主观意愿和大众媒体宣传出发，往往忽略了孩子的实际情况。曾经有这样一幕让我至今印象深刻：

> 小男孩：老师……我最近可忙了。（他兴冲冲地向我跑过来）
>
> 我：那你忙什么呢？
>
> 小男孩：我星期六上午要去文化宫学跳舞，下午还学画画，星期天学英语。
>
> 我：那你最喜欢学什么呢？
>
> 小男孩：我都不喜欢。（他刚才的兴奋转瞬即逝，一张小脸满是委屈）
>
> （摘自2008年6月18日教育日志）

在对家长的教养态度的调查中发现，家长对孩子的关爱度高于管教度。也就是说，在家庭生活中，家长对孩子的管教、约束较少，更多的是给予孩子无限的关爱，他们尽量满足孩子的需要，甚至有求必应，这无疑为孩子营造了一种溺爱、包办的环境。在这种溺爱、包办的环境中，孩子学习是为了达到父母的要求、完成父母的任务，并不知道学习的真正意义。[1] 通过前面的调查可发现，家长最为关注的是孩子品德习惯的培养，但是由儿童发展情况调查可知，生活习惯、学习习惯、品行

---

① 王东华．对孩子的期望与平常心[J].山东教育，2000（15）：41.

习惯、独立性、自控能力和关心他人6个维度的平均得分没有达到百分制的75分，家长的答案集中于“需要家长督促才能完成”，家长的督促显示了家长对孩子的关爱，但同时也滋生了孩子的懒惰性。对于大班儿童，家长们普遍认为孩子年龄还小，现在提出规定性要求还太早，更没有必要给孩子分配劳动任务，需等到孩子长大再说。当孩子长大了，又会有无数家长反复叮嘱孩子：“只要你把学习学好了，别的什么都不用你管。”这是一句非常典型的话术，它充分体现了“分数决定命运”“一切为了考试，其他都不重要”的观念。本研究中，对于“孩子正在发脾气、骂人，您将作何反应”的调查中，有54.4%的家长的做法并没有让孩子认识到自己的错误而吸取教训。如此管教怎能有效？细想之下，正是父母“剥夺”了孩子成长的机会。大班儿童缺乏知识和经验，经常会出现一些过失，这一点毫不奇怪。但是，家长往往最担心孩子犯错，在孩子犯错的时候给予太多的庇护，将所有的责任都包揽在自己的身上。事实上，从教育的角度讲，孩子的过失恰恰是教育的良机，发生过失的时刻正是教育的关键时刻。在家庭生活中，不要害怕孩子出现过失，只要家庭教育方式得当，“关键时刻”会帮助孩子健康成长。

第四，家长将教育的主要责任完全交予学校。

儿童作为教育个体，不仅要接受家庭教育，还要接受学校教育和社会教育。家庭是孩子的第一所学校，父母是孩子的第一位老师，学校则是孩子系统学习科学文化知识，促使儿童社会化的主要场所。家庭教育和学校教育的目的都是发展人、完善人，两者的教育对象具有同一性，即教育对象都是身心尚未发展成熟、具有明显发展特征及主体性的教育个体。然而在现实生活中，家长对家庭教育和学校教育的认识不准确，未能处理好家庭教育和学校教育的对接问题，导致两者脱钩或产生偏差，使得教育效果不佳，甚至出现教育效果相抵消的现象。这种认识上的偏差，使得家长过高估计学校教育的作用，甚至出现“将孩子交给学校，自己则置身事外”的情况，把对孩子的满腔期望都寄托在学校教育上，对于家校合作的开展也有抵触情绪，使得家庭教育很难作为学校教育的有效延伸与补充。

（二）教育观念与教育行为不符

研究数据显示，兰州城区大班儿童家长的教育观念更加民主，重视孩子的教育过程和潜能发展，更多关注孩子的品德、行为习惯的培养，而不仅是孩子的学习成绩。

但调查显示，家长最为关注孩子的知识教育，在业余时间有35.4%的家长选择教孩子学习、做作业等，其中既有父辈家长又有祖辈家长。

尽管家长在观念层面上认为，孩子的学习成绩不应该是家庭教育追逐的目标，但是出于“为孩子的将来好”这方面的考虑，家长们仍将知识教育作为家庭教育的主要内容。在当今社会，知识和才能是竞争的筹码，高等教育资源有限，无法保障每个受教育者都能享有，只能通过学业考试这一筛选机制使部分人接受更高层次的教育。考试分数便成为文凭的敲门砖，文凭成为职业的敲门砖。学业成绩的高低在很大程度上决定受教育者能否充分利用教育资源获得更好的职业和更高的社会地位。即便在学校教育的日常教学与生活层面，学生的学习成绩也往往决定教师对学生的期望和教学方式，影响同伴关系，同时也决定家长的喜怒哀乐。因此，家庭教育不得不以“知识”为本位，其中饱含着家长的无奈、焦虑和顺应。

（三）家长自身素质仍有待提高

家长对家庭教育高度关注的同时，也表现出了极大的担忧与困惑，这恰恰是家长自身素质有待提高的表现。以下是我截取的家长在问卷中表达的困惑：

> “我女儿特别胆小，有家人在的时候，会唱歌、跳舞，但是听老师说，她在幼儿园里就不会了。老师再叫她（唱歌、跳舞），她就哭了。你能告诉我该怎么教育她吗？”（摘自116号家长问卷）
>
> “我儿子就不愿意去幼儿园，他还会把衣服、鞋都藏起来，每天找这都得浪费时间，我该怎么教育他？”（摘自478号家长问卷）
>
> “现在书店里的书太多了，我该给儿子选啥样的书？他就喜欢奥特曼。”（摘自245号家长问卷）

研究中，家长的自身素质主要在以下方面有待提高：

1. 隔代教养存在弊端

调查结果显示，兰州城区大班儿童的主要教养人以父辈家长为主，占总数的90.8%，祖辈家长占9.2%，但祖辈家长仍然是不可小觑的教育力量。调查数据表明，祖辈家长的教育观念不容乐观，与父辈家长相比较，其教育观念较为传统，缺乏现代性，对儿童的教养态度普遍存在“重养轻教”“重智轻德”“重满足轻管束”的倾向，对孩子的关爱度高于父辈家长、管教度则低于父辈家长，给予孩子过多的关爱与照顾。访谈结果也证实了以上结论，例如，一位祖辈家长说道：“（对于）他的教育，我们管得就是写完作业，然后（他）就玩去了，别的我们也不懂了，就是让他吃得好就行了”（摘自2010年4月30日家长访谈记录）。可见，对于儿童的“教”与“养”，祖辈家长更多地承担了“养”的任务，对儿童的教育处于“放任自流”的状态。分析其原因，我认为有以下几点：

第一，祖辈家长的学历水平成为制约其教育观念的主要因素。调查发现，祖辈家长与父辈家长的最高学历存在显著差异，祖辈家长的学历层次偏低，这就意味着祖辈家长在理解和接受新的教育观念与教养方式上易出现困难，他们较低的受教育水平、狭窄的知识面、僵化的思维模式、旧有的思想观念及“过来人”的优势心理，使他们在教育孙辈时对经验极度依赖，其视野、理念与现代社会不免有脱节之处。

第二，祖辈家长有强烈的慈幼和补偿心理，也就是俗语所说的“隔代亲，辈辈亲”，对孙辈给予过多的关怀与保护，其教育容易走向片面化，容易导致孙辈个性畸形发展，这与当今社会对隔代教育的忧虑是相符的。访谈中了解到，父辈家长们已经认识到隔代教养存在弊端，在自己有时间与精力的前提下，都会选择自己教育孩子，祖辈家长则更多地负责在生活上照料孩子。不过，由于家庭教育更多的是一种生活教育，具有潜移默化、随机进行的特点，因而祖辈的影响和教育不应忽视。

第三，祖辈家长与父辈家长共同承担儿童的家庭教育，两代人的差异使得教育合力难以形成。祖辈和父辈在社会阅历、教育程度、时代背景及生活方式、工作内容等诸多方面存在差异，在家庭教育的理念及方式方法上多有分歧，在缺乏有效沟通的情况下，这样的差异和分歧容易导致家庭失和。例如，访谈中一位祖辈家长感慨道：“孩子在我那，有些时候我也不敢管，怕人家爸妈不高兴”（摘自2010年4月30日家长访谈记录）。

2. 母亲的家庭教育意识有待提高

教育家福禄培尔曾说：“未来社会的命运，与其说操纵在掌权者手中，不如说操纵在母亲们手中。”① 在子女的生长发育过程中，母亲在生育、哺乳等方面的天然条件决定了母亲要比父亲付出更多的时间和精力，无论是在经济发达的地区，还是在贫困落后的地区，均如此。尤其在婴幼儿时期，母亲的教育观念和能力直接影响着儿童的发展。在本次调查中，我发现母亲们在观念意识上存在着一些误区，如“他一直都是我在管，我没有工作，就是做做家务，管孩子……”“我是看别的孩子都参加特色班了，你不参加不行啊，该落下了……”“孩子的教育都是妈妈管的，还能用他爸，他也不懂啊……”“你看，那就是我小孩，害（顽皮）得很，得看着”（摘自对儿童母亲的访谈记录）。

可以看出，在家庭教育中，母亲对孩子特长教育、对自身角色意识、对家庭中孩子父亲作用的认识等存在误区，那么究竟是什么原因导致这些误区形成的呢？

首先，中华传统文化思想在人们的头脑中仍较为根深蒂固。我国传统家庭模式是“男主外、女主内”，这使得家庭教育的重担毫无疑问地落在了母亲肩上。

其次，本研究显示，在大多数家庭中，母亲的学历水平普遍较低，教育观念较为传统。母亲往往习惯于用一个理想的目标来约束不断成长中的孩子，可孩子是一个有思想、有感情、独一无二的人。很多母亲将自己的教育理想投到孩子身上，不顾及孩子成长的时间表，不顾及孩子的个性特点，不自觉地重复着过激的、情绪化的行为，用各种方式催促孩子奔向那个目标。这种时候就需要理性的呼声，来唤醒母亲们自身的反省。

“没有教不好的孩子，只有不会教的母亲”，教育孩子要从教育母亲开始，教育母亲首先要从母亲观念意识的“革命”开始。

---

① 何大慧，郑瑶．农村幼儿家庭教育[M].北京：教育科学出版社，1993：10.

3. 父亲在家庭教育中的缺位

调查发现，父亲参与幼儿教养的整体表现不太好，较少参与日常照看幼儿的活动，更多的是承担家庭的经济责任，而孩子的生活特别是学龄前期的生活主要是由母亲照料。有研究发现，影响父亲较少教养孩子的最主要的原因就是工作，忙于工作的父亲们没有时间或没有精力去顾及孩子。[①] 父亲在工作中体验到的压力水平越高，在休息时与孩子的互动就越少。[②] 综上可知，父亲教养孩子的时间较少，倾向于在外工作，赚更多的钱来间接助力孩子的成长。虽然高学历父亲重视孩子的教育，但有的父亲迫于生活压力而忙于工作，无暇顾及孩子的教育。

少数父亲也参与孩子的教育，在教养方式上更趋于内敛，如采用最多的是鼓励与表扬，然后是支持与规划，最后是照顾和约束孩子。[③] 父亲陪伴孩子时，更多的是采用力量型的游戏、身体接触等方式，而且很重视与孩子的交流。[④] 父亲的教养主要分为“对外”和“对内”两方面，“对外”主要是对孩子社会规则意识的培养；“对内”就比较含蓄，不太善于与孩子交流。由此可见，父亲在教养方式上，更趋于“内敛”，并不像其他教养人那样直接明确地教育孩子，父亲的教育可能更“深沉”，趋向于隐性教育。

三、家庭亲属关系网络缺失

本研究发现，兰州城区大班儿童家庭中的人际交往频率甚低，如亲友、邻居串门“一年中很少有”，孩子从幼儿园回家后“一般没有小朋友来”，且出门找同伴“有时要大人陪同出去”。在这种都市化的交往氛围中，“鸽笼式”的住房结构使得邻居常常是陌生人，亲戚一般住在很远的地方。其后果是，我们的孩子失去了在复杂的成人世界进行人际交往的情感支持，也失去了父母给予孩子的人与人交往的情感体验。

---

① 孙彦．城市父亲参与幼儿教养的现状研究：以陕西省宝鸡市为例［D］.重庆：西南大学，2011：40.

② 鲁梦鸽．幼儿父亲教养投入的问题研究［D］.兰州：西北师范大学，2020：38.

③ 黄靖淇．父亲参与幼儿教养的现状［J］.清风，2020（10）：33-34.

④ 刘丽莎，李燕芳，吕莹，等．父亲参与教养状况对学前儿童社会技能的作用［J］.心理发展与教育，2013（1）：38-45.

从20世纪开始，在我国一些地区特别是城市中，独生子女成为一个普遍性的社会现象，核心家庭越来越成为家庭结构的主体。这使得孩子在成长过程中与人接触的机会少了，孩子的成长缺少了亲属关系网络的支持。过去，如果孩子感到自己不被父母或教师理解、重视，可以转向他们的堂（表）兄妹、叔叔阿姨、舅舅舅母和祖父母等寻求帮助和指导；同时，孩子可以更多地看到父母与亲戚之间的情感交流，受到大家庭成员关系及由此形成的大家庭生活氛围的影响，从而学会尊敬、孝顺、关爱、体谅、包容等与人交往的一般规则。

第三节

家庭教育需要社会支持网络系统

家庭是人生的第一所学校，家庭教育的独特作用是任何人、任何教育机构都无法替代的。尽管在研究中，我们看到许多大班儿童的家长在养育子女时存在这样或那样的错误认识和做法，但绝大多数父母都有一个美好的心愿，他们迫切希望孩子能够接受良好的教育，希望学校、社会能为他们提供多种多样的家庭教育服务，使他们能获得更多的关于家庭教育方面的知识，了解孩子的成长规律并掌握良好的家庭教育方法，从而创设一个良好的家庭教育环境。我们应当充分利用家长期望子女成才这一有利因素，调动广大家长的积极性，尽快改善家庭教育的现状。

一、现代家庭教育新理念——读懂孩子

家庭教育的教育者（家长）和受教育者（孩子）关系的建立是以血缘为基础的。血缘使亲子之间有一种特殊的信任感与亲切感，父母的喜怒哀乐时刻感染着子女，心灵的相通使子女时刻受到父母的影响。父母和子女朝夕相处，彼此了解最多，正所谓“知子莫若父，知父莫若子”。

可是说到读懂孩子，很多家长是陌生的，有人不以为然，也有人很排斥：“小孩子懂什么呀？还需要去‘读’？”事实上，家长们为孩子所做的一切，无论是否自觉、自愿，也无论能否达到预期的目的，在客观上都对孩子的生存与发展起着至关重要的作用。从这个意义上说，“读懂孩子是家庭教育的最终目的”自有其中的道理。随着社会的发展，家长们对孩子的教育越来越重视，但面对的困惑也越来越多。大量的调查研究表明，如今的家庭虽然物质生活条件比原来好很多，但是家长对孩子身体素质、心理品质、人格发展等方面的关注都较少。很多家长在孩

子教育上花费了大量的时间、精力和金钱，但效果并不理想，且难以得到有效的帮助与指导。家长们从未接受过系统的教育和训练，家庭教育理念和方法常常来自自己的领悟，来自父辈们的言传身教，来自不同渠道并不系统的信息。家庭教育是一门艺术，更是一门科学。要让家庭教育有好的效果，家长首先要读懂孩子，了解孩子真正需要的是什么。

家长须知

儿童应有自由发表言论的权利，此项权利应包括通过口头、书面或印刷、艺术形式或儿童所选择的任何其他媒介，寻求、接受和传递各种信息和思想的自由，而不论国界。

——联合国《儿童权利公约》第十三条

未成年人的父母或者其他监护人应当根据未成年人的年龄和智力发展状况，在作出与未成年人权益有关的决定前，听取未成年人的意见，充分考虑其真实意愿。

——《中华人民共和国未成年人保护法》第十九条

要始终坚持儿童为本，尊重孩子的合理需要和个性。

——《教育部关于加强家庭教育工作的指导意见》

联合国《儿童权利公约》中对儿童参与权的表述包含两层含义：一是发表意见，二是得到重视。这就要求家长要学会倾听和尊重。

（一）倾听孩子的声音

“爸爸、妈妈，请你们听我说，你们不理解我。当我与你们说话时，请你们注意我！”这是孩子发自内心的声音。现实生活中我们经常见到这样的情景：大人还没有听完孩子的表述就急于评判，孩子没有机会表达自己完整的想法和对某件事情的看法；有的孩子正兴致勃勃地与父母讲话，父母却漫不经心，孩子因沮丧而中止谈话；父母在与孩子的相处中习惯于说教，总是对孩子说“小孩子懂什么？大人说话别乱插嘴！”而不让孩子说话……

父母总是抱怨孩子不听话，其实仔细想想，常常是父母不了解孩子的真正需求，不屑于听取孩子的意见。孩子与家长发生冲突，常常是孩子在表达自己的意愿，向家长争取自己的主动权，是孩子与家长的“权力之争”。比如在家里，先写作业还是先看电视或者先玩的问题，时常引发孩子与家长的冲突。在大人看来，孩子放学回家写作业最重要，不写完作业是不可以看电视的；有的孩子可能并不是因为想看电视而不写作业，而是怕错过看电视的时间。如果孩子保证看完电视就好好写作业，家长可不必坚持己见，一定要让孩子听自己的话，这样只会自寻烦恼。家长可以先与孩子约定好时间，让孩子自己把握，也许孩子写作业时心情会更好，注意力会更集中。

女儿正在向我表达她的不开心。（2019年6月拍摄于通辽）

倾听孩子的声音，家长可以更了解孩子，使自己做出的决定更接近孩子的需要，避免主观臆断；与孩子分享快乐与烦恼，有利于建立融洽的亲子关系；培养孩子的参与意识和参与能力，对增强孩子的自尊心、自信心和责任心大有益处。倾听是理解和交流的基础，是获得参与权的桥梁。倾听中的反馈也很重要，比如家长对孩子说：“能不能再说说详细经过？”“你对这件事有什么看法？”“你说得很好，如果能慢点说就更好了。”孩子得到鼓励，就愿意继续把自己的感觉和意见说出来。倾听孩子的声音，并不是让孩子说了算，对于孩子某些不切实际或者不正确的想法，父母要有所了解，有针对性地给予解释。同时，要鼓励孩子敢于表达对父母提出的不尽合理或者不符合自己意愿的要求的不满。在父母与孩子发生矛盾或冲突时，只要父母与孩子都表达自己的意愿、阐述理由，孩子就能有参与感，又可提高语言表达能力和分析、解决问题的能力。

（二）尊重孩子的选择

尊重孩子，意味着父母首先要有这样的认识：孩子是一个发展中的、独立的个体，是有自己的情感、对事物有自己看法的人，是可以表达自己意见和需求的人，也是能较好表达自己意见的人。孩子诚实、有好奇心及丰富的想象力，意味着他们有做出适合自己的判断的潜能，只要成年人给予孩子适当的支持和尊重，他们就可以做出合理的、负责任的决定。

现代社会提供了许多自主选择的机会。孩子渐渐长大，将面临越来越多的选择：上大学选学校、选专业，毕业后选择伴侣、选择职业、选择以什么样的方式生活……而选择需要以独立性、责任心、判断力为基础。一个孩子如果只会背诵知识，习惯了被动地听大人的话，当他进入社会面对各种机会时就会无所适从，也不会被重视。儿童在家庭中也会面临选择，如在选择兴趣班这个问题上，父母想让孩子学画画，在报名前征求孩子的意见，孩子说："我不喜欢画画，我想学游泳！"显然，孩子的兴趣在游泳上。在这种情况下，父母是违背孩子的意愿坚持让孩子学画画，还是暂时放弃自己的想法，就体现了父母对孩子参与选择的态度。

让孩子自主选择，也就意味着处于强势地位的成年人必须放弃某些权利。把选择权给孩子，让孩子成为自己的主人，这是对孩子的信任，也会使孩子特别珍惜这个选择，激发自我管理的潜能，对自己的行为负责。如果家长替孩子做他并不情愿的选择，孩子就很难有做好事情的热情。把每一个"否定"变成一个"机会"，把决定权从自己手上转移到孩子手上，培养孩子的独立能力，让孩子为了自己的兴趣努力做"必须做"的事。

让孩子自主选择并不意味着任何事都让孩子自己说了算、随心所欲，家长要对孩子的选择给予积极引导，坚决制止孩子做有损健康、违规违法的事。

经典语录

儿童有自己的思想，儿童有自己的力量，不让儿童自己去做他所能做的事情，不让儿童去想他所能想的事情，等于阻止了儿童身心发展。

所以让儿童使用自己的手脑，确是一件要紧的事情。①

——陈鹤琴

二、创设家、园、社会三位一体的大教育格局

从布朗芬布伦纳（V. Bronfenbrenner）的人类生态学理论出发，儿童的发展是与环境相互作用的结果。本研究发现，影响兰州城区大班儿童生存的社会环境已远远超出家庭的范围，包括幼儿园、社区、学校等中间系统和宏系统。大班儿童的家庭教育工作绝不是仅靠幼教机构的教师就能完成的，它是一项长期的社会系统工程，需要社会有关方面密切配合、协调一致。我们应该树立学校、家庭、社会三位一体的大教育观，开发和利用社区资源，争取社区中从事优生优育、儿童保健、基础教育工作的人员与家长合作，共同开展家庭教育指导工作，建立和完善家庭教育的社会支持网络系统。在此过程中，必须重视以下三方面的内容。

（一）社会应大力发展家庭教育事业

1. 建立有效的家庭教育事业管理体制

以兰州城区儿童家庭教育为例，要提高教育质量，各级政府的作用不容忽视。《甘肃省幼儿教育改革与发展意见》提出“要将幼儿教育工作作为考核各级政府教育工作的重要内容”，并对省、市（州、地）、县（区）各级政府的职责提出了明确的要求，即省、市（州、地）人民政府应“负责本行政区域幼儿教育工作，统筹制定幼儿教育的发展规划，结合当地实际制定相关政策并组织实施”；县级人民政府负责“本行政区幼儿教育的规划、布局调整、公办幼儿园的建设和各类幼儿园的管理，负责审批各类幼儿园的举办资格、颁发办园许可证，并定期进行复核审验，负责管理幼儿园园长、教师，指导教育教学工作”。② 部门之间应协调与合作，争取社会各方面力量的支持与参与，市、区各级政府应有步骤、有计划地在人力、物力和财力方面支持开展儿童家庭教育

① 关颖. 家庭教育是什么：家长学习读本[M].广州：广东教育出版社，2018：178.

② 甘肃省人民政府办公厅关于印发甘肃省幼儿教育改革与发展意见的通知[EB/OL].法律快车,2004-05-27.https://law.lawtime.cn/d377455382549.html.

活动，妇联等组织应把妇联的工作与儿童家庭教育工作联系起来，积极地向妇女宣传家庭教育知识。学校要与家庭、社区密切合作，要充分利用学校和社区的优势资源，向家长提供多种形式的家庭教育宣传、指导等服务。家长的理解和参与是开展儿童家庭教育工作的关键，所以家长应更新传统育儿观念，真正意识到儿童家庭教育的重要性。

家长须知

尊重未成年人受教育的权利，保障适龄未成年人依法接受并完成义务教育。

——《中华人民共和国未成年人保护法》第十六条

国家实行九年义务教育制度。义务教育是国家统一实施的所有适龄儿童、少年必须接受的教育，是国家必须予以保障的公益性事业。实施义务教育，不收学费、杂费。

——《中华人民共和国义务教育法》第二条

2. 建立家长培训系统

首先，举办家长学校。举办家长学校是社区、学校开展家庭教育工作、提高家长教育素质的重要途径，要加强对各类家长学校的管理，做到有校牌、有计划、有制度、有机构、有教材、有考核。各家长学校要积极开展活动，开设系列专题讲座，邀请相关专家、学者进行讲学，使广大家长能真正受益。

其次，重点辅导“典型户”和“骨干家长”。当代家庭教育的成功取决于家长的素质，而家长素质的提高又取决于家长的自我教育。① 教师应设立“典型户”和“骨干家长”，并予以重点辅导，调动家长参与儿童家庭教育工作的积极性，然后采取分片包户、包人的办法，每人“承包”几户，明确责任，以点带面地进行指导工作。对于兰州城区儿童的祖辈家长，在年龄条件允许的情况下，可以充分发挥老年人的“光”和“热”，开办祖辈育儿培训班，从社区中选出热心家教事业、文化水平相对较高的祖辈，精心指导，作为祖辈中的“骨干家长”，通

① 冉乃彦．当代家长的素质要求[J].少年儿童研究，1996（6）：9-10.

过他们向社区中其他祖辈老人介绍科学的教育方法，帮助老年人带好后代。

对社区委员会成员的培训可以与对“骨干家长”的培训结合进行，培训应从社区委员会成员和“骨干家长”现有的知识水平和能力出发，采取多种多样的培训形式，如组织学校开放日观摩活动、家庭教育科学知识的交流与讨论活动等，充分调动社区委员会成员和“骨干家长”的积极性。

3. 提升专业人员的技能

目前，专职家庭教育工作人员甚少，多为其他部门的兼职人员，需加强专业人员的培训，提升其技能，以便更好地开展工作。家庭教育指导师作为一种新兴职业，它的出现将弥补心理咨询机构在解决亲子问题上的不足。有专家称，家庭教育指导师既不同于家庭教师，也不同于心理咨询师，其职能是专门就家庭教育问题进行答疑解惑，并矫正一些家长的错误教育方式。要把家庭教育工作做好需要大量的专业人才，据预测，我国今后至少需要 50 万名家庭教育指导人员。

4. 呼唤儿童媒介教育

在大众传媒广泛普及之前，成人社会对儿童来讲是神秘的，当互联网等新兴媒体异常迅速地进入儿童的生活时，这种状况发生了根本性改变。大众传媒具有开放性与无强制性、介入性与非统一性、形象性与易感染性等特点，其对儿童的影响往往比对成年人的影响更大、更为深刻，有时甚至产生立竿见影的效果。当今社会，以数字电视、互联网为代表的新兴媒体拥有教育者的多重身份：一是社会价值观念的传播者，孩子喜欢的动画片、科幻片、侦探故事及各种互动游戏，每天都在向他们传播各种社会价值观念，有些是家长不赞成的；二是信息的传递者，通过电子媒介，孩子迅速了解了社会上的各类信息，扩大了知识面，在某些方面甚至比家长更胜一筹，于是他们对家长的“老生常谈”不再感兴趣，甚至产生抵触情绪；三是适应社会的指导老师，各类媒介可以孩子们喜闻乐见的方式对他们进行适应社会的指导，而这些则是家长难以做到的。但孩子从电子媒介中看到的并不都是生活现实，有些是虚幻、低俗的内容。孩子接触了这些他们无法理解的信息后，可能会学习和模仿。当电视、互联网成为孩子们不可缺少的娱乐伙伴，给他们带来愉悦时，电视成瘾、网络沉迷又成为新的社会问题。

家长须知

预防和应对网络、信息安全事故。

小学 4~6 年级：（1）初步认识网络资源的积极意义和了解网络不良信息的危害。（2）初步学会合理使用网络资源，努力增强对各种信息的辨别能力。（3）学会控制自己的行为，防止沉迷网络游戏和其他电子游戏。

初中年级：（1）自觉遵守与信息活动相关的各种法律法规，抵制网络上各种不良信息的诱惑，提高自我保护和预防违法犯罪的意识。（2）合理利用网络，学会判断和有效拒绝的技能，避免迷恋网络带来的危害。

高中年级：（1）树立网络交流中的安全意识，养成良好的利用网络习惯，提高网络道德素养。（2）树立不利用网络发送有害信息或进行反动、色情、迷信等宣传活动以及窃取国家、教育行政部门和学校保密信息的牢固意识。

——教育部《中小学公共安全教育指导纲要》

案例分析

2013 年“六一”儿童节前，江苏连云港市东海县一名 5 岁的小男孩和 8 岁的哥哥与同伴一起玩游戏。同村另一名 9 岁的男孩模仿动画片中“灰太狼烤羊”的剧情，把兄弟俩绑在树上，然后点火，由于地上全是秸秆，加上大风天气，火势很快就蔓延到了绑着两兄弟的大树，9 岁男孩仓皇逃走。结果，弟弟重度烧伤，烧伤面积达 80%；哥哥的烧伤面积达 40%。

【分析】《喜羊羊与灰太狼》是孩子们喜欢的动画片，“灰太狼烤羊”的情节被模仿的确是一个偶然现象。但这一事件引发人们思考：面对各类媒介产品，家长应对孩子负的责任是什么？

新兴媒体对孩子的影响是一把“双刃剑”，在承认互联网普及和各种媒介对孩子的深刻影响的同时，如何对孩子进行媒介教育？仅仅依靠以往的经验限制孩子接触媒介的时间和内容，告诉孩子别因为看电视、上网耽误了学习等是远远不够的，家长需要做的是帮助他们了解媒介，指导他们正确使用媒介，以提高其有效利用媒介的能力。

第一，分清虚拟世界与现实世界。家长首先要做的是帮助孩子识别动画片、网络游戏等媒介产品的不可模仿元素。孩子们许多匪夷所思的行为，与他们对事物的观察是简单的、直观的这一特性不无关系。对家长来说，采取“因噎废食”的办法并不明智，当务之急是在孩子独自接触媒介之前进行正面引导，让他们懂得应当接受什么、摒弃什么，哪些是真实的、哪些是虚假的，警示孩子切勿模仿其中危险的、有违现实的内容，帮助他们提高辨识力、自制力，这样比“出了问题再找解法”更有效。

第二，学习评析媒介信息的意义和价值。儿童接收信息的能力强，但分辨能力相对较弱，这使得一些负面信息的消极影响更为集中地体现在他们身上。在日常生活中，电视、互联网上的大量信息并不是针对孩子的年龄特点制作的，为此，家长可以引导孩子欣赏和评析媒介产品，辨别媒介内容的真实性，不盲目相信或采用信息，使孩子能正确选择、解释、分析媒介信息，从而形成独到的见解，提高对负面信息的警觉能力。

第三，善于挖掘积极因素，有效利用大众传媒发展自我。面对新兴媒体，家长和孩子站在同一起跑线上，应共同了解媒介及其信息对各自的意义，并学会利用新兴媒体满足自己的需求，这是现代社会家长与孩子共同成长的必然选择。比如，利用电视和网络中新闻类、科普类、教育类信息搜集学习、工作、生活所需要的资料，丰富知识，开阔视野；引导孩子参与网络社交，交一些能说心里话的朋友来缓解自身的心理压力；学习电脑编程、动画制作等，展示自己的设计和动手能力，充实自己并丰富家庭生活；与孩子一起适当玩有意思的网络互动游戏；等等。在家庭中，营造一个与孩子共同使用媒介、共同讨论媒介内容的和谐的家庭氛围，能在最大限度上减少负面信息对孩子的影响。

总之，家长在孩子受媒介影响时应发挥强有力的选择性作用，应当成为孩子接收媒介信息的“过滤器”。同时，在家庭中父母应为孩子创造良好的生活环境，充实他们的精神生活，让孩子在现实生活中获得更多的快乐和成就感。

（二）学校应做好培训指导工作，加强家校联系

家长须知

形成学校、家庭、社会相互配合的思想道德教育体系，促进学生养成良好的思想品德和行为习惯。

——《中华人民共和国义务教育法》第三十六条

要把家庭教育与社会教育、学校教育紧密结合起来。

——《中共中央 国务院关于进一步加强和改进未成年人思想道德建设的若干意见》

把育人为本作为教育工作的根本要求……把促进学生健康成长作为学校一切工作的出发点和落脚点。关心每个学生，促进每个学生主动地、生动活泼地发展，尊重教育规律和学生身心发展规律，为每个学生提供适合的教育。

——《国家中长期教育改革和发展规划纲要（2010—2020年）》

学校作为专门对儿童、青少年进行系统教育的机构，执行党和国家的各项方针政策，有着明确的培养目标。它具有一支掌握着现代教育理论和科学教育手段、方法及教育实践经验的教师队伍，再加上学校与家庭有以儿童、青少年为中介的特殊联系，具备其他部门和组织所不具有的优势和条件。学校有义务，也有能力对家庭教育给予必要的指导。调查显示，家庭教育的现状与学校对家庭教育的指导有密不可分的联系。但目前学校对家庭教育的指导仍然依靠两种最传统的模式进行：一是带班教师与家长的个别沟通；二是学校召开定期或不定期的家长会、亲子活动日。由于教师受到时间、工作压力、指导水平等多方面因素的限制，加上学校对家庭教育指导的关注度不足，对家庭教育不够重视，因而学校对家庭教育进行的指导没有收到应有的效果。要使学校对家庭教育的指导工作开展得更好，可从以下几个方面入手：

1. 做好培训工作，提高家长的教育水平

学校除了对学生进行知识的传授和教学的管理外，也要传授家长一定的教育知识，利用家长学校开展各种讲座或个别辅导让家长能获取正确的、专业的指导意见。学校应配备家庭教育方面的专业老师，以便更好地开展家长学校的教育。与此同时，学校应通过多种方式方法指导家庭教育，家校共同协作把孩子教育成材。

家长是一个复杂的社会群体，要提高家庭教育的质量，就要提高家长的素质，对广大家长进行培训。

第一，充分发挥家长学校的作用。20 世纪 80 年代初家长学校在我国诞生，其目的是“培养子女的启蒙老师”。兴办家长学校，是提高家长教育素质的良好途径。为发挥家长学校在提高家长素质方面的作用，家长学校要有计划、有规律地安排教学活动，给家长系统性的指导。首先，从家庭教育的实际出发，讲授一些有针对性的、实用性的知识，根据家长的需要组织教学，如对大班儿童而言，“入学准备问题”成为学校和家长共同关心的问题。通过访谈我们可以发现家长的忧虑与不知所措，如“小孩快上学了，能不着急嘛，我比他还急，我就担心他不行”（摘自 2010 年 4 月 30 日对祖辈家长的访谈记录）“在幼儿园都玩惯了，上学就不行了，我怕他一开始就被人落下”（摘自 2010 年 4 月 30 日对儿童母亲的访谈记录）“入学准备是我们园一直在做的活动，为的是让家长配合幼儿园，一起帮助孩子顺利度过幼儿园到小学这一个过渡阶段”（摘自 2010 年对幼儿教师的访谈记录）。就这一问题，家长学校可以邀请小学教师参与教学活动，向家长讲解儿童入学准备中应该注意的问题，如心理准备、生活准备、基本的知识准备等。其次，把教育学、心理学的基础知识与家庭教育中的实际问题结合起来，从家庭教育中倾向性的问题出发，安排内容，可以邀请家庭教育专家定期参与教学活动。除进行必要的教育理论、方法讲授外，还可请家长交流家庭教育的方法、经验，提出家庭教育中的问题和困惑，与大家共同探讨。家长之间的交流、借鉴成为家长们掌握科学的家庭教育方法的主要途径，这样也可调动家长参与研究家庭教育的积极性。

第二，帮助家长提高自身的修养水平。家庭是孩子的“第一所学校”，父母是孩子的第一位老师，家长的文化素质、道德品质、个人爱好对孩子有很大的影响。此次调查显示，母亲和祖辈家长的文化素质偏低，家长们对孩子的期望很高，但又抱有较低的管教水平，在家庭教育中言行不一致。因此，学校要通过各种渠道帮助家长提高认识，明确家长言传身教的重要性，可要求家长尽力做到以德育德、以才育才、以情治性、以行导行。学校应针对不同的教育对象，举办各类培训班，系统传授有关家庭教育方面的科学知识，提升家长的素质，多采用案例的方法推广好的家庭教育经验，帮助家长掌握科学的教育方法。

家长须知

家长和教师必须进行真正的对话，儿童的协调发展要求学校教育和家庭教育互相补充。

——联合国教科文组织《学习——内在的财富》

第三，指导家庭教育要遵循一定的原则。

学校与家庭之间是平等协作的社会关系，而非相互从属的关系。学校不能用命令的方式让家长做什么和怎么做，应遵循一定的原则，通过恰当的途径，选用合适的方法对家长进行指导。家长的职业各异，学历水平、道德修养参差不齐，对待教育的认识和重视程度不一，这一客观现实要求学校对家庭教育的指导应当遵循一定的原则，不能盲目而行。

（1）平等性原则

学校和家庭、教师与家长的关系是平等的、互相配合的协作关系。学校和教师不能居高临下地指挥家长，更不能命令家长，在进行指导时要以尊重为前提，平等对待家长。

（2）全面性原则

学校对家庭教育的指导要全面，既要重视向家长宣传党和国家的教育方针，使家长树立正确的教育观念，又要传授一定的教育学、心理学知识；既要注意对错误行为的纠正，又要教给具体的教育方法，使家长的教育素养得到全面发展。

（3）正面性原则

学校对家长进行家庭教育指导时，要运用正面积极的方法，主动帮助家长弄清事实，分析原因；要以经验介绍、交流思想、事例启发、表彰宣传为主，切不可批评或责备、挖苦家长，因为这样只会引起家长的反感和抵触，无法收到良好的指导效果。

（4）针对性原则

由于家长对教育的认识不同，文化修养、教育能力各异，因而学校在进行家庭教育指导时，就应有的放矢、准确到位，使家长有所收获、学而有用。对于家庭教育出现的问题，要运用“一把钥匙开一把锁”的方法，解决家庭教育的疑难问题。

（5）超前性原则

教育是前瞻性的事业，学校对家庭教育的指导也应具有前瞻性，不但要看到家长当前的需要，还要根据儿童成长的阶段性规律，对家庭教育可能出现的问题进行有预见性的指导。

经典语录

只有在这样的条件下才能实现和谐的全面的发展，就是两个“教育者”——学校和家庭，不仅要一致行动，要向儿童提出同样的要求，而且要志同道合，抱着一致的信念，始终从同样的原则出发，无论在教育的目的上、过程上还是手段上，都不能发生分歧。①

——苏霍姆林斯基

2. 做好指导工作，给家长专业的指导建议

家长培训工作可以提高家长对家庭教育的认识，掌握家庭教育的理论知识，但是对于家庭教育的实际操作，仍然需要有专业的指导。我通过调查与研究，尝试提出以下几种指导方法：

---

① 苏霍姆林斯基．给教师的建议［M］.2 版．杜殿坤，编译．北京：教育科学出版社，1984：397.

（1）个别指导与统一指导相结合

个别指导，是指对存在严重教育问题的家庭和有突出问题的家庭所进行的指导，一般通过家访或请家长来学校，采用面对面的方式进行。

统一指导，是指对家庭教育存在共性问题（如大班儿童升小学的入学准备问题）的家庭进行的集中指导，主要形式有开家长会、印发指导材料、举办家长学校讲座等。

（2）认识性指导和操作性指导相结合

认识性指导的目的在于让家长明确未来社会对人才的要求，促使家长转变教育观念；让家长对教育规律有初步认识，促使家长按科学的方法教育子女；让家长对孩子的身心发展规律有一定了解，能正确认识孩子的行为表现；让家长深刻地认识家庭教育在孩子成长过程中的重要作用，增强教育的责任感。针对部分家长只注重孩子智力培养、忽视道德品质培养、无视孩子身心发展规律的情况，应指导家长认清我国国情，注意对孩子全面素质的培养，不能只重视分数而忽略其他能力的培养。

操作性指导是指教给家长具体的教育方法和技巧，引导家长把正确的认识转化为正确的教育行为，这就需要给家长传授一定的教育方法和技巧，使家长运用正确的方式、方法，达到良好的教育效果。本次调查发现，家长们的教育观念与教育行为不符，大多数家长都持有民主的、现代的教育观念，但是在具体的教育行为上却表现出截然相反的一面，所以操作性指导应成为今后家庭教育指导的重要方式。

（3）启发性指导与纠正性指导相结合

在教学中，我们提倡启发式教学，对家庭教育的指导也应该坚持这一原则。在对家庭教育的指导中，运用典型事例引导家长联系自身实际加以思考、领悟，这比说教的效果好得多。

在坚持启发性指导的前提下，也要辅以纠正性指导，即对错误的家庭教育观念、行为和方法，用剖析错误—讲明道理、点明危害—提出改进意见的方式，帮助家长走出误区。如果家长总是不给孩子讲明道理而支支吾吾，那么不仅会使孩子失去思考的机会，还会使孩子丧失独立判断的能力。诸如“以后再说吧”此类的话，看起来是一个避免当场争吵起来的绝妙手段，其实是不足取的，家长应花时间讲明不答应孩子要求的原因。只有培养孩子独立思考和判断的能力，孩子才能具有独立性。

（4）普遍指导与特殊指导相结合

家庭教育涉及千家万户，而绝大多数家庭普遍存在一定的教育问题，这就要求教师的指导面广，力求使每个家庭在指导下不断提高教育水平。家长的思想观念、知识水平、教育方法及接受指导的态度千差万别，每个家庭、每位家长都有其特殊性，因此对家长的指导要因人而异。也就是说，教师要了解每个家庭的实际情况，分析问题产生的原因，做好相应的指导工作。

2019 年幼儿园的话剧演出，从剧本选择、设计、录制到正式演出，家长们都在教师的指导下有序参与。（2019 年 12 月拍摄于幼儿园）

经典语录

在儿童的和谐发展中，一切都是相互联系的。健康状况也取决于教师给儿童布置了哪些家庭作业，以及他们是怎样和在什么时候来完成这些作业的。在家里的独立脑力劳动的情感色彩也起着很大的作用。如果儿童是带着很不愿意的情绪去拿起书本的，那么这就不仅压抑了他的精神力量，而且对内部器官的相互作用的复杂体系也会产生不良的影响。我了解很多这样的事例：当儿童怀着厌烦的心情去做作业时，他的消化机能就严重减退，终于发生胃肠道疾病。[①]

——苏霍姆林斯基

① 苏霍姆林斯基．给教师的建议[M].2 版．杜殿坤，编译．北京：教育科学出版社，1984：385.

（三）家长应努力提高自身的教育水平

家庭教育是一门学问，无论家长的自身素质有多高，其在家庭教育方面都有不足之处。所以对家长来说，应该针对家庭及孩子出现的各种问题，及时“充电”，提高自身的教育水平。

案例分析

一位母亲为儿子“培优”投入了12万元，孩子从半岁开始到5岁上了17个培训班。夫妻俩一个月总收入约8000元，其中2000元用于赡养老人，其余除基本生活费外，全部投入儿子的“培优”中。这位母亲说：“我们几乎没积蓄，没有节假日，为了孩子的前途，我们无怨无悔。”

一位父亲自己没有上过大学，将全部希望都寄托在女儿身上。为了女儿读书，他四次变换自己开餐馆的地点。他说：“既然已经决定要让姑娘上大学，那我就全力以赴。”他后来甚至关掉餐馆全程陪读。父亲笃信自己所做的一切都是“为了孩子好”。可是女儿却说：“对于父亲的安排，我是一个没有退路的‘买单者’。”在她看来，这些只是父亲的一厢情愿。为了逃避父亲的威逼，她不止一次离家出走……

【分析】人们常用“可怜天下父母心”来形容为人父母之不容易。在褒奖父母为孩子牺牲自己、无私奉献之余，若换一个角度审视，不难发现这种“可怜”的“父母心”也有许多“可悲”之处，不禁发出“这样做值不值”的诘问。

1.“投资”自身，做孩子的“无字书”

家长对孩子的期望高，教育支出是家庭支出的主要内容。在一些父母的心中，孩子是家庭的希望，他们认为将孩子培养好，比自己的工作更重要，孩子进步了就是自己进步了，孩子将来有出息就是自己有出息……因此，在家庭中，“一切为了孩子，一切服从孩子”“牺牲自己，为了孩子”被父母认为是理所当然的。

经典语录

人们时常说：我是母亲，我是父亲，一切都让给孩子，为他牺牲一切，甚至牺牲自己的幸福。这就是父母所能送给儿童的最可怕的礼物。这种可怕的礼物，可以这样来比方：如果你想毒死你的孩子，你就给他饱喝一剂足量的你的个人幸福的药，于是他就被毒死了。[①]

——马卡连柯

有的家庭生活得并不富裕，却为了孩子择校、出国而节衣缩食、倾其所有，致使家庭生活质量明显下降；有的家长为了孩子辞去工作或在原有工作岗位上不思进取、得过且过；有的家长有了孩子之后就没有了自己的闲暇时间；许多家长对自己的充实与提升、对夫妻关系的维护更是无暇顾及……为了孩子，大人们没有了自我，更看重孩子的成绩和别人对孩子的评价，孩子有一点不尽如人意之处就无比焦虑。

为人父母，花费时间精心照顾孩子，关心孩子的生活和学习本在情理之中，尤其是在孩子小的时候，父母全身心地投入能为孩子打好成长的基础。但是，父母在教育孩子的过程中不应忘记加强自身学习。例如，在对“孩子提问，家长怎样做”的调查结果中，很多家长不知道如何回答孩子的提问，只能敷衍孩子。孩子在认知的过程中很难辨别是非曲直，所以家长应该加强自身的学习。未成年孩子的父母一般是中青年人，正处于人生走向成熟的年华。如果自我放弃，一心扑在孩子身上，无疑是一种人力资源的巨大浪费和无形损耗。事实表明，自我否定感强的父母在进行家庭教育时，其观念与行为常常是矛盾的。

美国的著名心理学家麦克莱伦在研究成就动机时指出：父母若有较高的成就动机，就会引导儿童成就动机高度发展。他认为这主要是因为父母的成就动机既可为子女的成就动机提供样板，又可以为子女营造促进成就动机形成的家庭氛围，并能经常迅速地对子女的成就动机给予

① 关颖．家庭教育是什么：家长学习读本[M].广州：广东教育出版社，2018：247.

奖励。

由此说来，那些希望以牺牲自我为条件换取孩子成功的父母，的确需要认真想一想这种“投入”和“产出”的平衡问题了。舍得“牺牲”自我的精神可嘉，但如果同时“牺牲”被寄予厚望的孩子，那就不值了。

孩子既像一本“无字书”，又像一面“镜子”，把父母的言行毫无保留地呈现出来：父母对他微笑，他也会对父母微笑；父母对他生气，他可能会让父母更加生气；父母对他施以爱心，他也会回报父母以爱心；父母对他简单粗暴，他会以更简单粗暴的形式返还给父母；父母尊重他，他就会尊重父母，重视父母的建议；父母忽视他，他会对父母置之不理；父母自暴自弃，他会不求上进。

所以，父母要想孩子成为在某方面优秀的人，就加大在这方面对自己的“投资”吧！家长做最好的自己，胜过对孩子的金钱投入，胜过为孩子做的一切牺牲。做最好的自己，才是最好的教育，才能更好地满足孩子生存和发展的需求。

经典语录

继续学习并不只限于提高职业能力，人们必须学习怎样做一个有效的父母、公民以及艺术的消费者（或生产者），学习怎样理解世界的变化以及这些变化对于我们每个人的影响。不管是通过学校或是通过其他手段，教育必须被看成一种永不完全停止的过程。①

——布卢姆

2. 改变教育方式，重视自身的榜样作用

近20年来，孩子在家庭中的地位越来越高，家长爱孩子的同时忽视了作为教育者对孩子应有的榜样作用。本次调查显示，家长对孩子关

---

① 关颖．家庭教育是什么：家长学习读本[M].广州：广东教育出版社，2018：241.

爱有加，但管教不足。在家庭教育中应树立“以孩子为本”的教育理念，孩子具有独立的人格和个性，在这一点上，家长与孩子是平等的。家长不应总认为自己是长者，对孩子颐指气使，使家庭成为自己发号施令的舞台，从而导致家庭教育缺少平等、真诚的氛围。与此同时，家长要注重自身的榜样作用，正所谓“身教重于言教”，家长自身不正，又如何教育好孩子呢？

3. 努力改善亲子关系

2019 年幼儿园组织的诗朗诵活动，女儿在排练、演出的过程中学会了朗诵的技巧。

本次调查显示，兰州城区大班儿童家长将业余时间用于同孩子一起进行唱歌、跳舞、讲故事、做游戏等活动的人数占总人数的 23.8%，多数家长选择对孩子进行知识教育，也就是说，知识教育的时间占用了家长与子女沟通的时间，这也是使家长的教育参与程度与亲子关系呈显著负相关关系（-0.102*）的主要原因。

案例分析

一位心理学教授讲了自己的体会：很多年前，当我的孩子还在读二三年级的时候。我曾非常激动地准备“怎样才是好家长和好老师”的演讲稿。但我发现，我在以前与孩子的相处中没有获得类似的成果。最后，我决定休息一天，单独和我的孩子到海滩去。我们玩球、玩海藻，做一切在海滩上能做的事。一天下来，我已精疲力尽，孩子也累了，但是非常快乐。在回家的路上，他十分突然地说：“我们玩得不是很好吗？告诉你，从现在起，你要求我做任何一件事，我都准备去做。”这就是父亲与孩子一起玩的成果。

【分析】陪孩子玩会形成亲密的亲子关系，只有形成融洽的亲子关系，使孩子与父母的心灵相通，孩子才会接纳父母的教育。

要改善亲子关系，首先要提升与孩子沟通交往的技能，因为许多紧张的亲子关系都是由亲子之间缺乏沟通引起的。孩子在成长过程中需要各种各样的养分，但是他不会“过滤”，成长过程中只是不断吸收、膨胀、长大。家长的职责就是帮孩子“过滤”掉不良的养分，让他们健康成长，而这个过程最重要的就是与孩子沟通，了解他们想要什么、不要什么，告诉他们哪些是好的、哪些是坏的。但是，现代社会中许多父母忙于生计，没有太多的时间和精力与子女沟通，或者没有意识到与子女沟通的重要性，使得亲子之间的互动很少。所以，在与孩子一同完成一件事的过程中，家长应观察孩子的内心世界，了解他们的感受，抓住有利时机启发、引导孩子，这样孩子也更容易接受。孩子在与父母共同活动的过程中，会增加对父母的了解、增强自信，内心感到愉快和满足。

这是女儿游戏的常态，她说这是她的秘密基地，但是欢迎我进入。（2019 年 10 月拍摄于通辽）

第一，有效交谈。家庭是孩子的“语言实验室”，在与成年人的交谈中，孩子学会了如何表达自己和理解他人，尤其是与家长的当面沟通，是增进了解和发展社会情感能力的最好方式。这种有效交谈不是家长说、孩子听，而是双向互动；不在于说了什么，而是以什么方式与孩子沟通；不在于家长说了多少，而是有多少得到了孩子的认同。总之，衡量交谈是否有效的标准是“是否有来有往，是否对彼此尊重”。

第二，回应求助。孩子弱小，知识面有限，但对周围的很多事物充满好奇，总有许许多多的问题；他们的生活经验不足，会在日常活动中遇到各种各样的困难……在家里，他们随时会向长者求助。这时，家长是不是回应、以什么态度回应，表明对孩子的问题是否重视、对孩子是否尊重。有的家长对孩子的问题表现得不耐烦，对孩子说“去、去、去，一边儿去，我没空”，这样就会打击孩子主动与家长互动的积极性，久而久之就很有可能不再把家长当作可依靠的对象。其实，家庭教育在很大程度上就是回应孩子的问题、满足孩子的需求。家长与孩子互动，随时解决孩子在日常生活中遇到的问题，恰恰就是给予孩子最好的陪伴，是传递正确的价值观、引导孩子做出正确的行为的最佳教育时机。

第三，持续关注。陪伴孩子不只是家长与孩子厮守。有的父母因为自身、家庭和工作的特殊需要，无法每天与孩子在一起，甚至一周、几个月、一年都不能与孩子相聚，但并不意味着没有陪伴。近代思想家梁启超的 9 个子女都是国家的栋梁，在子女小的时候，他无论工作多忙、离孩子多远，都会以各种方式履行父亲的职责，仅写给子女们的信就有 300 多封。即便子女多年见不到父亲，也能时刻感受到父亲的存在及父亲对他们人生的引领。这种对子女的持续关注同样是高质量的陪伴。

第四，以平等、民主的心态对待孩子。在家庭教育中，要尊重孩子的人格，给予孩子充分的自主权，让孩子有权决定自己的事情，家里的一些大事也应该与孩子商量，使孩子在家庭中有自我价值感，这样才能够培养孩子对家庭、对父母的责任感。家庭是需要每一个家庭成员共同努力去建设的，孩子与父母共同营造平等、和睦的家庭氛围，可为家庭教育打下良好的基础。良好、和谐的亲子关系是有效实施家庭教育的保证。

这里分享一个寓言故事：螃蟹、猫头鹰和蝙蝠去上纠正恶习的补习班。数年过后，它们都顺利毕业并取得博士学位。不过，螃蟹仍然横行，猫头鹰仍然白天睡觉、晚上活动，蝙蝠仍然倒悬。

这个寓言故事给家长两点启示：一是学习再多、再好的家庭教育知识，如果自己没有身体力行，在教育孩子的实践中没有将知识转化为自己的生命体验，是不能解决任何问题的；二是通过外界的各种渠道学习是必要的，但不要指望外界帮助自己取得成功，别人给予的东西再多、别人的力量再大，也远不如自己身上已有的力量。

外因通过内因起作用，家长的自觉学习、自我教育才是通向家庭教育成功的桥梁。

第四章

陪伴是最好的教育

案例分析

2017 年 7 月 1 日，香港回归 20 年，第一位女特首——林郑月娥正式就任香港特别行政区第五任行政长官。同日，中央电视台播出了她的专访。让人印象最深的是她说的一句话：“我两个孩子小的时候，我从来没有请一个工人，煮饭什么的事都是我亲自做，我觉得这个很重要，孩子要感觉到妈妈是照顾他们的。”在林郑月娥的眼里，陪伴孩子成长非常重要，她不能让孩子在最渴望爱的时候却没有陪伴。林郑月娥有个朴素的想法：年幼时孩子非常需要父母的关怀照顾，陪伴必不可少，所以她的育儿观就 8 个字——陪伴是最好的教育。如今林郑月娥感到很欣慰，两个儿子都学业有成——老大林节思、老二林约希都毕业于剑桥大学。虽然孩子都长大了，但他们跟林郑月娥都很亲近，尤其是大儿子，几乎每天要跟林郑月娥联系。

第 44 任美国总统奥巴马的妻子米歇尔在一次演讲中说，奥巴马每晚都会和女儿共进晚餐。奥巴马自己则说，他最自豪的事不是当上了美国总统，而是在长达 21 个月的选战中，他没有错过一次孩子的家长会。

【分析】一顿晚饭，一家人围坐一桌，在其乐融融中分享各自的欢乐。这是最好的心灵教育时刻：家里爱意流淌，彼此心灵打开，互相看见，互相听见，彼此倾诉。

在孩子的成长过程中，没有父母的陪伴，爱不在身边，孩子可能会觉得自己像个孤儿。那些缺爱的童年可能会撕裂成内心最深的伤痕，一辈子都无法痊愈。新教育改革提出的“共读，共写，共同生活”教育主张，基调就是陪伴，有心的陪伴不仅可使孩子健康成长，家长自己也会成长，一举两得。作为家长，什么样的陪伴才是最好的教育？

第一节

陪伴孩子玩耍

这里的“玩耍”是一个广义的概念，意思是进行使人精神愉快的活动。玩耍，看似简单，人人都会，但会玩、能玩好就不是人人都能做到的了。那么，哪些活动是能使孩子精神愉快的活动呢？应该怎样陪伴孩子呢？

一、在亲子阅读中陪伴孩子

听故事，是每个孩子成长过程中必不可少的一个环节，也是孩子独立自主阅读的储备期。孩子小的时候需要父母讲故事给他听，在这个过程中既能发展亲子关系，又能帮助孩子养成良好的习惯和认知。然而，现在很多父母经常以忙为借口，不给孩子讲故事，或者即便讲故事，也不得要领。例如，有的家长在给孩子讲故事时，好似拿着教科书照本宣科地读，不但没有把故事书中的书面语转变为口语，也没有读出故事中的情感，未能帮助孩子体会人物角色。孩子觉得无趣，听的效果自然不会好。这实际上是家长在讲故事时只注重故事内容本身，没有考虑到故事的趣味性和吸引力。还有的家长，喜欢信口雌黄、胡编乱造，讲着讲着就讲不下去了，没法自圆其说，被孩子问得张口结舌，慢慢地孩子就会怀疑家长说的话了。讲故事，如果不注意方式方法，我们所期待的良好习惯和认知能力就培养不起来，甚至还会适得其反，一些不良学习习惯和较弱的认知能力会随着孩子年龄的增长逐渐显现出来。当问题出现的时候，家长往往意识不到自身的原因，盲目求教于专家或生搬硬套其他家长的一些做法来教育孩子，迫使孩子按照父母的意愿去改变现状，其结果往往是事倍功半。

教育不是一蹴而就的事情，良好的行为习惯和学习能力是需从小培

4 岁半的女儿养成了自主阅读的习惯。（2018 年 6 月拍摄于通辽）

养的，是从孩子能听懂大人讲话时开始的。这是一个循序渐进的过程，更是一种潜移默化的浸透。讲故事既符合孩子的心理需求，家长又能在讲故事的过程中循循善诱、因势利导，逐步发现和培养孩子的兴趣、爱好、特长。我是在女儿 8 个月大时开始每晚的睡前故事的，没想到这一习惯持续了 6 年，睡觉之前，她都会自己选好书等我，不听故事绝不睡觉。有时候她会连续几天让我讲同一本书，我按照书上的故事，一篇一篇地讲给她听，直至她能基本复述出来。从小时候的牙牙学语，到现在能分角色读故事，她听到的故事越来越多，对每个故事的理解也越来越完整、详细。在讲故事时，我总是有意识地用手指指着书上的图和字，一幅一幅、一个一个，绘声绘色地讲给她听，她的眼睛就跟着我的手指“阅读”，更能体会到书本带来的愉悦和快乐，在潜移默化中慢慢地爱上书本。当孩子对一个故事有了完整的认识后，家长可以有意识地让孩子自己讲述、复述故事。在这个过程中尽量让孩子复述完整的故事情节，并及时表扬和鼓励，慢慢建立起孩子对阅读的自信心。女儿经常有模有样地拿着书复述故事，她的语气、表情中有我给她讲故事的影子，也有她自己对故事的“再加工”。这时我就鼓励她去讲给其他人听，如周围的小朋友、家中的老人等，以培养孩子的语言表达能力。

一个故事讲完整了，再开始下一个故事，一本故事书讲完了，再带着孩子一起去挑选第二本故事书。随着时间的推移，孩子在不知不觉中就会喜欢上读书，并在书中找到乐趣。同时，孩子的认知能力和良好的学习习惯也得到了培养。其实，这就是对孩子最好的启蒙和教育，也是孩子逐步形成良好学习习惯的开端。讲故事看似简单，最需要的是家长不厌其烦的态度和持之以恒的坚持。

二、在游戏中陪伴孩子

陪孩子玩游戏，孩子从内心深处迸发的那种快乐是无可替代的。有研究发现，家长和孩子之间相互配合、交流的活动，能够启发孩子的智慧，有利于孩子身心健康成长。孩提时代，我们就开始接触和参与各种游戏，包括户外游戏、亲子游戏，以至于现在的网络游戏等。但是，成为人父、人母后，怎样玩游戏、怎样陪孩子玩游戏、玩哪些游戏、如何引导孩子玩游戏，就成为年轻父母的必修课，这往往也是年轻父母最为头疼的一项工作。孩童时期还好，父母能认同游戏是 3~6 岁孩子的主要活动，也认为“上了小学就没时间玩了”，因此父母有足够的耐心陪孩子玩各种游戏。但是随着年龄的增长，孩子在游戏的要求上逐渐提高，玩游戏的欲望也越来越强，游戏的玩伴不只限于父母，他们渴望在更广阔的天地中游戏，于是就有了精力充沛要去玩游戏的孩子和疲惫不堪忙于工作的父母，所以游戏机、手机、电脑、电视机成了孩子的玩伴，甚至有些父母不再把陪孩子玩游戏当成一件乐事，而是能推就推，想方设法让孩子自己去玩。当发现孩子玩电子游戏成瘾的时候，有些家长又采取强制措施，强行没收电脑或手机等，想强行改掉孩子的坏习惯，但其实已经晚了。这时家长可能会满世界找专家、找老师来戒掉孩子的网瘾或玩瘾，用尽各种办法都没有明显效果的时候，家长和孩子的矛盾就会逐渐升级，甚至可能出现各种无法预料的结果。

生活在网络时代的孩子，玩电子游戏是很难避免的，但玩电子游戏容易让人上瘾，一旦脱离了家长的管束，后果很难想象，因此可以让孩子在家长的可控范围内玩。很多网络游戏是通关游戏，一旦把所有关卡都打通了，游戏的神秘感自然也就消失了，孩子也就不会再沉溺其中了。如果限制孩子接触电子游戏，反而会适得其反。所以，作为家

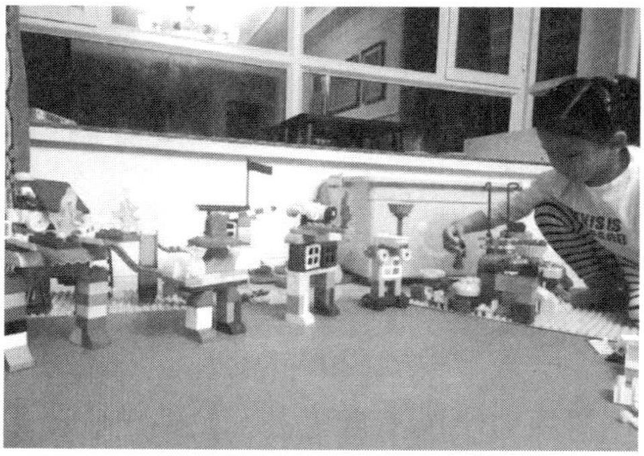

这是我和女儿 2 个小时的战利品——“机器人王国”。(2020 年 2 月拍摄于通辽)

长，可以反其道而行之，让孩子适当接触这些新鲜事物，陪孩子一起玩，在游戏过程中定规矩，如每天在规定的时间内玩游戏，不能超时；每天玩游戏要有进步，不能总停留在过去的水平；不能自己玩，要和家长一起；不能到游戏厅或网吧玩，需要什么告诉家长，由家长来决定；等等。这些游戏规则要与孩子协商并得到孩子的认可，然后按照规则坚定地执行下去，这样才能培养孩子自我约束和自我管理的能力，并使之养成遵守规则的习惯。家长在与孩子共同游戏的过程中，既学会了与孩子沟通，也摸清了孩子的心理动态和发展趋势。最重要的是，在陪孩子玩游戏的过程中，家长与孩子建立了平等的、容易沟通的、更加亲密的亲子关系，自然也就没有了剑拔弩张的、有隔阂的、紧张的亲子关系。家庭氛围越和谐，孩子就越能健康和积极向上地成长。

三、在看电视时陪伴孩子

记得我小的时候，全家人看一台电视，为了争看自己喜欢的节目，遥控器被抢来抢去，甚至还会因此爆发“战争”。仁者见仁，智者见智，即每个人对同一个节目、事件或人物的看法不尽一致，虽然这会引发不少矛盾，但全家人经常可以围绕着一个核心或主题展开讨论，有说不完的话。家庭氛围就在这争论中变得活跃、融洽，令人回味无穷，让人念念不忘。

而现在，电视不再是争抢的焦点了，手机、iPad、电脑等各种电子产品越来越普及，人们可以各取所需，自得其乐。甚至聚会也不再像以前那样欢天喜地，人们不再畅所欲言，气氛也不再那么活跃，每个人都沉浸在个人喜欢的电子设备中，出现了“有一种距离叫坐在我对面的你却在玩手机”的场景。没有了争吵和抢夺，没有了交流和沟通，没有了语言和思想上的碰撞，人会变得封闭、孤僻、烦躁甚至自私。久而久之，家庭成员之间的关系不再那么亲密、融洽，慢慢地就会越来越疏远。这样既不利于家庭和谐，对孩子的成长也极为不利。

然而，这种显而易见的事却没有引起一些年轻父母的重视，他们走路、吃饭、去厕所时都没有放下手机。孩子想跟父母玩一会儿，父母却不耐烦地让孩子自己去玩，甚至给孩子打开电视机或者游戏机；有的父母虽然抱着孩子，但是眼睛却盯着手机，和孩子没有眼神的交流和语言的沟通；有的父母可能会先和孩子亲热一会儿，几分钟后就又拿起手机或坐到电脑前了，没有考虑孩子的感受。孩子失望、失落的情绪不断积累，时间长了，他们就会沉浸在个人的世界中，不再和父母亲近了。

案例分析

许多家长提到孩子就会说：“不管你和他说什么，他的眼睛就没离开过手机或电脑，我把网给他断了、手机给他摔了，还是不行，也不知道他从哪里又弄来了一部手机，根本不听我们的，回家就关上卧室门，到底在里面干什么，我们也不知道，吃饭叫几遍都叫不出来，真是气死人了。”

有些家长为了不让孩子打扰自己，给孩子看手机、iPad 等电子设备，给孩子下载一些动画片或儿童节目。孩子确实不再纠缠大人了。可是，一旦上了学，紧张的学习氛围和严格的约束会使孩子很难融入群体而变得自闭、自私、孤独等。家长开始着急，批评、打骂、没收所有的电子设备等招数都用尽了，结果却收效甚微。

【分析】产生以上情况的根本原因是孩子缺乏亲情关爱。在孩子需要陪伴和呵护时，家长没有给予孩子足够的关爱，使孩子在成长过程中出现了不可挽回的亲情空白期，孩子只好将这种需求转移到其他方面，孩子长大后会出现一些难以解决的问题，从而影响孩子的健康成长。其实，只要家长陪伴在孩子身边，让孩子在浓浓的亲情下成长，就不容易出现此类问题，而这些陪伴就是在和孩子一起吃饭、看电视、玩耍等日常生活中自然实现的。

记得一次和朋友聊天，说到孩子看什么动画片，我如数家珍一般介绍女儿看过的动画片。朋友问我怎么知道得这么详细，我说是因为我每天都会陪女儿一起看，我们一起商量看什么、看多久，看完了还会一起讨论节目的内容。从《小猪佩奇》《巴啦啦小魔仙》到《动物世界》《精灵梦叶罗丽》《海底总动员》《冰雪奇缘》，再到《王牌对王牌》《极限挑战》等娱乐节目，我们一起说着、笑着，给家庭营造了温馨的环境，让亲情充满整个房间……

四、在户外活动中陪伴孩子

随着生活水平的提高和住房条件的改善，封闭的楼房尤其是高层、超高层楼房使得人们的交往，尤其是邻里之间的交往减少了许多，孩子放学之后的活动范围和交往渠道受到了很大的限制。出门进电梯，进门就封闭，这样的状态成了现在孩子的生活常态。三五成群的孩子放学后一起玩纸牌、叠罗汉、捉迷藏的场景在城市中已不复存在，取而代之的是家长带着孩子到超市欢乐角、公园游乐场、旅游景点去寻找玩伴。虽然这些游玩地点符合现在孩子的生长环境，也是孩子成长所需要的场合，在这些场合游玩更是孩子们最期待的，但在这些娱乐场所中，却有一些不和谐的音符。比如，对于年龄小的孩子，家长会不断地嘱咐孩子不能这样、不能那样，这里脏、那里危险等，使得孩子不能放开手脚去体验快乐和自由；而对于年龄大一点的孩子，家长往往会在出去游玩前布置作业，要求孩子记住一些文物古迹及其相关的历史故事，回来后写一篇游记或随笔；还有一些家长看到自己认为有价值的东西就忙不迭地把孩子叫到跟前教育一番。这时再看看孩子，一脸的不情愿，再没有了旅游的快乐和亲近大自然的冲动了。当家长再喜气洋洋地计划出游时，孩子就不再那么渴望了。

案例分析

去郊游的公交车上，一位母亲不断地让孩子看车窗外的景色，嘴里不停地说：“这些黄色的迎春花多漂亮，你在写作文的时候要多描绘一下；再看那些玉兰花，有白色的、粉色的，含苞待放，真美啊，你写的时候用‘春姑娘来了，春风把玉兰花都吹害羞了’这样的句子；你再看那些柳树都发芽了，春天就是万物生长的季节，就像你们这些小孩一样。你要记住看到的这些景色，把它们都写到作文里。一会儿我们到了樱花谷，你更要集中精力去看、去体会，然后才能把作文写得生动有趣。”一路上，母亲沉浸在自我陶醉中，再看看孩子，无精打采，与母亲那种亢奋形成了鲜明对照。

【分析】孩子们的要求很简单，他们就是希望出去郊游，不带任何目的，也不在乎去哪儿。因此，家长要学会了解孩子的想法，理解孩子。案例中的母亲从自己的角度欣赏美景，孩子却无精打采，没有游玩的快乐和亲近大自然的冲动，当家长再高兴地计划出游时，恐怕孩子就不会那么渴望了。

每到周末，女儿都会问我：“今天去哪玩？”我们居住在内蒙古的一个小城，离市区比较近，这里有一个围着一片人工湖而建的公园，夏天绿树成荫，湖边种满了垂柳和花草，更有一些亭廊和小桥隐隐地藏在树阴里。我每次都是冲着这些景色而来，并迫不及待地带孩子直奔那些我喜欢的地方，而不愿意驻足在我不喜欢的沙地、运动场地。可是去了几次以后我逐渐感觉到，女儿没有了刚开始的兴奋，对这些景象也不感兴趣了，甚至到后来提出“去沙地”的要求。当我静下来反思时才发现，我是以自己的喜好带孩子出来玩的，而不是从孩子的角度考虑。大人定好了地点以后，是以到这个地方为目的的，而孩子则更在乎去这个地方所经历的过程，所以大人会发现带孩子出来玩，仿佛牵着一只蜗牛。孩子不在乎到底去哪儿，而是在乎走出去这个过程。我慢慢发现，路上的风景和一些新鲜的地方更吸引她，一棵小草、一只蝴蝶、突然跑过来的一只小猫、一辆颜色鲜艳的自行车……都会给她带来极大的欢乐。而真正到了公园后，尤其是到了原来常去的那些地方，她反而没有了兴趣。发现了孩子的小心思后，我每次带她出去玩的时候，总是把脚步放慢，尽量选择步行或者公交车、电动车这些交通工具，让她有充分的时间去观察路上发生的一切。当她问起看到的某些景象时，我才向她解释，她不问的时候就不去打扰她，也不催促她。我们边看边玩，边走边聊，既没有压力，也没有目的，就是开开心心地一路走过……

第二节

陪伴孩子学习

陪伴孩子学习，指的就是家长对孩子成长过程中的困惑和问题加以应对和解决。它是一个宽泛的概念，是让家长帮助孩子感受学习带来的快乐，一起面对和承受孩子成长过程中的烦恼和痛苦，让孩子更加健康快乐地成长，而不是让家长陪着孩子学习课本知识，也不是陪着孩子做作业，更不是盯着孩子的学习成绩。

一、孩子是否应该提前入学

根据《中华人民共和国义务教育法》，年满 6 周岁的儿童应入学接受并完成义务教育。因此，6 周岁的孩子上学是顺理成章的事，不是我们能改变的。但是，仍有一些家长想让孩子提前入学，认为不能让孩子输在起跑线上，觉得早上一年学，早毕业一年，也就早就业一年，就可提前一年享有各种机会。对于生育高峰期出生的孩子，家长更想让其早上学，这样在就业时就有一个时间差，相对来说，孩子更容易找到比较满意的工作。家长认为好的工作带给孩子的不仅是丰厚的收入，还有美满的婚姻、富裕的家庭、较高的社会地位等。可是提前入学，真的好吗？

我们练琴——她在弹，我在听、在唱、在跳。（2020 年 3 月拍摄于通辽）

持提前入学观点的家长不在少数，他们自认为自己的想法是对的，甚至为了不让孩子落后于他人，过早地让孩子接触小学教材，在家里给孩子讲课本知识。那么，这样做究竟对不对呢？现在我们结合儿童发展特点来分析一下这样做存在的问题。

（一）“拔苗助长”是家长的一厢情愿

教育学家、心理学家、社会学家、医学遗传学家等根据我国儿童的生理和心理发展特点，综合现代社会发展的各方面因素，评估出6周岁是符合现阶段实际的最佳入学年龄。根据专家的研究结果，6周岁时人的大脑发育程度能达到成人的95%左右。0~6岁是大脑开发的黄金时期，开发得当并发现潜能，将受用终身。这个时期是输入信息的时期，理解是以后的事。这时应注重孩子认知能力的提高，并让他们学会做力所能及的事，学会共同生活。而在这之前上学，就像是小马拉大车，不符合客观规律，孩子可能会不堪重负。

因此，让孩子早上学就如同拔苗助长，是家长的一厢情愿，体现的是家长功利而焦虑的育儿心态。家长没有给孩子选择权，让他们过早地接受学校的正规教育和管理，是变相地剥夺了孩子玩的时间，也就相应地缩短或减少了孩子学龄前的一段历程。这段历程是一个很重要的过渡历程，孩子的认知、情感、性格的形成及身体发育等都会在这一时期完成入学前的准备。童年生活不完整，对孩子来说可能是一种缺憾。3~6岁儿童的幼儿园生活之所以以游戏为主，是因为游戏最符合幼儿身心发展的特点，最能满足儿童的需要，能有效地促进儿童发展，具有其他活动不能替代的教育价值。儿童需要与同伴、成人和环境互动交流，游戏可使儿童放松且可以发展儿童的专注力。在孩子5岁之前，最好不要对其进行字母、数字等符号的专门练习，这样会限制孩子的思维，因为幼童的心智还不成熟，对抽象的概念还无法理解。

有少部分人提出，如果放宽入学时间限制，将当年8月31日年满6周岁入学调整至当年12月31日年满6周岁入学，或者实行5至7周岁弹性入学，由家长自主选择孩子的入学时间，家长的焦虑感会降低。但是，鉴于我国传统观念中普遍存在“早上学、早成才”的功利心态，即便放宽了入学截止日期或者实行弹性入学，还是会有家长认为早入学好。假如实行弹性入学，会是怎样的局面呢？有多少家长会主动选择让孩子 7 周岁再入学？从现实看，让孩子 5 周岁就入学的家长应该会占大多数，这从目前部分幼儿园小学化就可见一斑。取消“一刀切”的入学时间限制，需要家长理性地对待孩子的成长。若我国孩子的整体入学时间提前，那就意味着他们会在更小的年龄承受与年龄不相符的学业压力。到 2021 年，我国高等教育的毛入学率已达到 57.8%，进入了高等教育普及化时代。我国早已不再处于需要“早出人才”的大学生严重匮乏的时代，现代社会更需要的是综合性人才，更重视学生的成长过程。家长盲目地让孩子早上学，追赶学习进度，追求成才速度，是拔苗助长，最终会影响孩子的发展。

我们发现，家长的焦虑心态是问题的关键所在，家长功利与焦虑的教育心态是什么造成的呢？

其一，单一的分数评价体系令很多家长只关注孩子的学习成绩，忽视孩子的身心健康，为让孩子更有竞争优势，家长普遍愿意让孩子早学一点、多学一点。

其二，目前社会上还存在“神童情结”，有些家长希望孩子以低于正常高三学生的年龄考上大学。

其三，20 多年以来，“不输在起跑线上”这一没有理论支撑的商业性教育口号被家长广泛接受。

如今，最需要做的是转变家长的育儿理念，把关注孩子成长的速度转为关注孩子成长的过程与质量。而要让家长转变观念，必须推进教育评价体系改革和人才评价体系改革。教育评价的“唯分数论”与人才评价的“唯学历论”滋生了家长的教育焦虑，打破它们，建立关注学生个性、兴趣、综合素质的多元评价体系势在必行。总之，要引导家长关注孩子作为“人”的成长，根据孩子的身心发展规律使其在最适合的年纪接受学校教育，不能只育分数不育人。只有在这种情形下，实行弹性入学才能成为可能，才不会被功利对待。

（二）提前入学违背儿童成长规律

动物生下来靠本能就可以生存和发展，刚出生的小羊很快就可以奔跑，过些日子就可以靠吃草活下去；而新生的婴儿却需要很长的依赖期，需要成人长期精心抚养。所以，人要适应社会，不能仅仅依靠先天的遗传，后天还必须长时间地学习，因此人类有一个很长的童年期。

根据生命发展的规律，童年期在不同阶段有不同的学习任务，除了极个别的超常孩子（1000 人中有 3 人左右），绝大多数孩子要想人为地提前完成学习任务，往往是“欲速则不达”。心理学家格塞尔在双生子爬梯实验中发现儿童有“最佳教育期”。有些家长过早地对孩子进行知识训练，其实是劳而无功的，由此所带来的弊病甚至会跟随孩子的一生。

拓展阅读

双生子爬梯实验

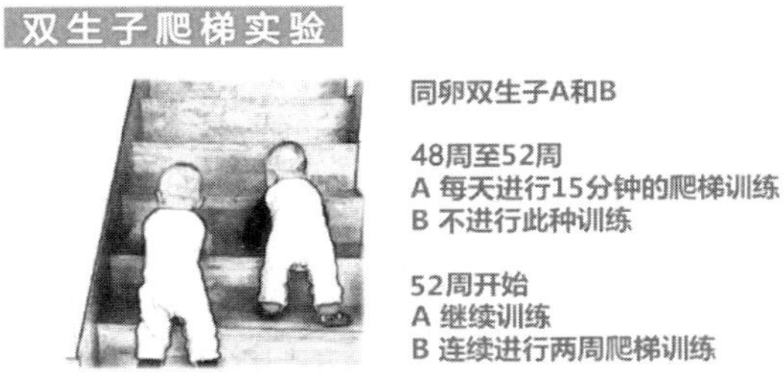

这个实验研究的是双生子（即双胞胎）在不同的时间段学习爬楼梯的过程和结果。格塞尔选择了一对双胞胎，他们的身高、体重、健康状况都一样。哥哥在出生后的第 48 周开始学习爬楼梯。48 周的小孩刚刚学会站立，或者仅会摇摇晃晃、勉勉强强地走。格塞尔每天训练这个孩子 15 分钟，中间经历了无数次的跌倒、哭闹、爬起……终于，艰苦训练 6 周后，也就是孩子 54 周的时候，他终于能够自己独立爬楼梯了。双胞胎中的弟弟的基础情况跟哥哥一样，不过格塞尔让他在 53 周的时候才开始练习爬楼梯。这时孩子基本的走路姿势已经比较稳定，腿部肌肉的力量也比哥哥刚开始训练的时候更加有力，并且他每天看着哥哥训练，自己也一直跃跃欲试。结果，同样的训练强度和内容，弟弟只用了 2 周就能独立地爬楼梯了，并且还总想跟哥哥比个高低。

一个是从 48 周开始，练了 6 周，到了 54 周学会了爬楼梯；另一个是从 52 周开始，练了 2 周，也是在 54 周时学会。后学的尽管用时短，但效果不差，而且具有更强的继续学习的意愿。格塞尔原来认为这只是一个偶然现象，于是他就换另一对双生子进行实验，结果类似；又换一对，仍然如此。他如此反复地做了上百个对比实验，最终得出的结果是相同的。

此后的几年，格塞尔又对其他年龄段的孩子针对其他学习领域进行实验，比如识字、穿衣、使用刀叉等，甚至将实验领域扩展到成人的学习过程，都得出了相类似的结论，即任何一项训练或教育内容针对某个特定的受训对象，都存在一个“最佳教育期”。

通过双生子爬梯实验可以看出，过早的训练和循序渐进的训练一样，最终都能够达到理想的目标，但过早的训练需要花费更多的时间、付出更大的努力。最需要引起家长重视的是，过早的训练和学习可能因为成效微小而打击孩子的自信心，从而使孩子产生厌学情绪，不利于孩子的可持续发展。

1. 可能影响孩子的心智

每个人的身心发展都有一定的顺序性，教育要遵循此顺序性，循序渐进地促进人的发展，打乱这个顺序而让孩子过早入学，可能会影响孩子的心智，给孩子的心理健康埋下隐患。

3~6 岁孩子的思维尚处于具体形象阶段，逻辑思维能力正在发展中，如果成人强行让其接受暂时还无法理解的事物，孩子就有可能产生思维障碍，甚至会在思维发展中种下一个难以逆转的“病灶”，进而对心智发育产生负面影响，久而久之，还有可能形成心理障碍，并发展成心理疾患。

2. 可能使孩子产生自卑心理

孩子的年龄可分为生理年龄和心理年龄，一般情况下，二者是相适应的。儿童最佳入学年龄主要受其生理和心理发展水平的制约，生理成熟是孩子个体心理发展的重要前提和基础，不同生理年龄的孩子可能会有不同的心理特征。如果低龄入学，孩子的生活自理能力、动手能力等不如其他同学，与其他同学不同步，久之则会使孩子事事处于落后状态，将打击孩子的自信心，导致孩子形成自卑心理，甚至使孩子感到“习得性无助”，产生厌学心理。

3. 可能影响孩子的身体健康

读书虽是脑力劳动，但对孩子来说也是一项“体力活”。小学阶段的教学内容、课业负担是按照不同年龄段儿童的生理和心理发展水平设置的，提前上学等于人为地加重了孩子生理上和精神上的负担。即便是入学前就有相应基础的孩子，一开始可能比较适应甚至有优势，但随着课程难度的加深，优势将会消失殆尽，孩子不得不疲于应付，身心处于疲惫状态，时间久了，孩子的身体健康会受到损害。

4. 可能影响孩子的创造力

过早入学势必伴随着过早的文化知识学习，对低龄的孩子来说，他们很难理解抽象的知识，日复一日的学习就会变成被动的灌输，他们的大脑是存储知识的容器，长时间存储知识却未能吸收知识，就会处于超负荷状态。孩子被动地接受更多的新学的知识，会处于巨大的压力之下，没有时间，也没有精力再去思考、创造，对学习也会越来越没有兴趣。

二、如何培养学习习惯

小学阶段，培养孩子良好的学习习惯非常重要，良好的学习习惯是提高学习能力和学习成绩的关键因素。那么，除了老师的引导和教育外，家长要在哪些方面培养孩子养成良好的学习习惯呢？下面我根据自己的体会和积累的经验谈几点建议，供大家参考。

（一）培养倾听的习惯

上小学之后，良好的倾听习惯是学习的关键，因为这个阶段的学习以间接学习为主，重要的教学内容都是通过老师的讲解传输给学生的，不会听课就不能完全理解课本知识，也不能完全掌握所学内容，对今后的学习影响很大。因此，家长可以在家里对孩子进行倾听习惯的培养。比如，在和孩子交流的时候，让孩子看着家长的眼睛，专心听家长说话的内容，然后有意识地让孩子复述刚才说的话，并鼓励孩子说完整的话；在听孩子说话的时候，家长也要全神贯注，千万不能边做事边听孩子说话，更不要时不时打断孩子。家长还可以选一个特定的时间就某个问题认真地与孩子交流，以引起孩子的重视，并及时给予孩子表扬和鼓励，让孩子意识到在听重要内容的时候要聚精会神，尽量听全、听懂。当然家长还要注意与孩子说话的语气、语速等，让孩子有充分的时间去消化和理解所听到的内容。这些小方法非常适合年龄稍小的孩子，家长运用好这些方法会收到很好的成效。

（二）培养良好的写字习惯

一般来讲，书写训练可以磨炼意志、陶冶性情，培养自我管控力、忍耐力和严谨认真的态度，也可以增强自信心。孩子能写一手好字，在很大程度上就能做到气定神闲、泰然自若。如今，中、高考都是网上阅卷，如果书写不规范、字迹潦草，会给阅卷老师增加负担，如果能写一手好字，可以增加阅卷老师的好感度。小学阶段学习的知识较少，时间相对宽裕，家长要充分利用好小学阶段宝贵的时间，让孩子养成良好的书写习惯，掌握书写技巧，逐渐提高书写速度，为今后的学习和工作打下良好的基础。

（三）培养认真做作业的习惯

布置作业是学校教育中的关键环节，是过程性教学评价的方式，也是了解学生掌握知识程度、学习效果的有效手段。学生做作业既可以加深对知识的理解，又有助于梳理知识体系，培养思维能力。但是在这个问题上，很多小学生家长往往重视的是孩子的作业是否正确，能正确地完成作业就说明孩子理解和掌握了当天所学的知识，而忽略了孩子对时间的把握，对于用了多少时间做作业并没有给予足够的重视。

案例分析

有的家长喜欢盯着孩子做作业，一旦发现问题，如字写错了、写歪了，就会一边帮着孩子涂擦，一边批评、埋怨、责怪孩子，如“怎么搞的，又做错了，总是改不掉。”“说过多少遍了，就是记不住，气死人了。”“写不好，别写了，我也不管你了！”，这样会导致孩子产生紧张心理，与家长发生矛盾。有的孩子则是边做作业边看电视，家长忙于家务也不及时教育，时间长了，孩子养成了做作业不专心的毛病，以致做任何事情都不能集中精力。这时家长才慌忙去管教，已然来不及了。还有的家长虽然给孩子单独开辟了安静的学习空间，让孩子在书房或卧室里写作业，但是对孩子的要求不严，也没有限定时间，很多孩子边玩边写，养成了拖拖拉拉的坏习惯。

【分析】若孩子做作业时已经有粗心、拖拉等坏习惯，再要求孩子改掉这些坏习惯就有难度了。所以，家长要从一开始就注重培养孩子良好的学习习惯，不放任自流，但也不能紧盯着孩子写作业，造成不必要的矛盾。

孩子小，自制力差，一些好习惯是需要家长和老师配合才能养成的，对待作业也是如此。

因此，为了培养孩子养成良好的做作业的习惯，家长必须做到以下几点：

一是让孩子在写作业前先复习一下当天的课业内容；

二是孩子写作业的时候，家长不要指手画脚、催促和责备；

三是家长尽可能在孩子做作业的时候安静地看书，远离手机和电脑；

四是家长给孩子限定完成作业的时间。

当孩子做作业的良好习惯养成之后，家长再放手让孩子独立写作业，就能收到较好的效果。

如果有些孩子已经形成了磨蹭拖拉的坏习惯，怎样去纠正呢？我认为需分情形来处理：

对于正确掌握大部分作业内容而单纯拖拉的孩子，采取以下三种方法也许能起到一定的作用：一是限时，家长根据作业量估计做作业大致需要的时间，然后要求孩子在规定的时间内完成，同时可以用一些奖励措施来激励孩子；二是陪读，为了纠正孩子做作业拖拉的习惯，家长可先陪孩子写作业，督促孩子将全部精力用于完成作业，减少拖拉的行为，当然在陪读的过程中，家长不能代替孩子去完成作业，更不要在孩子思考时打扰孩子，在孩子逐渐改掉拖拉的毛病后，家长就要及时退出，给孩子一个自主学习的空间；三是没收橡皮，一些孩子不仅追求作业的质量，还追求美观，他们经常写了擦、擦了又写，从而延长了做作业的时间，长此以往，反而形成了拖拉的毛病。

对于没学会课堂知识而拖拉的孩子，家长要耐心地同孩子一起先复习课堂上所学的知识，然后做一些课本上的基础性题目，在孩子对所学知识有了清晰的认识后再写作业，而不是一味地催促、嫌弃或埋怨孩子。儿童和成人在智力水平、思维水平上是有差异的，家长要有“慢慢来，孩子会学会的”这样的观念，耐心地教导孩子。

对于缺乏条理性而拖拉的孩子，家长应先让孩子学会有条理地做事，明确哪些事情比较重要、哪些事情需要先完成，训练孩子认真地做完一件事后再去做另一件事，当他们做事有条理后，拖拉的问题自然就解决了。

（四）培养长久稳定的注意力

小学阶段是培养注意力的关键期，注意力也是学习习惯中最重要的内容，特别是上学初期，更要加强注意力的培养和训练，使孩子学习时能专心致志。具体有以下几种训练方法：

1. 给孩子创造安静整洁的学习环境

孩子的书桌上除了文具和书籍外，不应摆放其他物品，以免分散孩子的注意力；抽屉和柜子最好上锁，以免孩子随时翻动；书桌前除张贴与学习有关的地图、公式、拼音表等之外，不要贴其他容易吸引孩子注意力的东西；女孩的书桌上不宜放镜子；不要让孩子一边看电视，一边做作业。

2. 要求孩子在规定的时间内完成作业

应给孩子设定一个合理的时间范围，让孩子在规定的时间内完成作业。同时父母应该了解，注意力持续时间的长短与孩子的年龄有关，5~10 岁孩子的注意力能持续 20 分钟，想让 8 岁的孩子持续 60 分钟做作业是不科学的。

3. 对孩子讲话不要重复多次

有的父母对孩子不放心，一件事要反复讲几遍，这样孩子就习惯于一件事要反复听好几遍才能弄清楚。当老师只讲一遍时，他似乎已习惯不去听或听不全，这样会使得孩子不能很好地理解老师的讲课内容，也就谈不上取得好的学习效果。

4. 对孩子进行听力训练

“听”是人们获得信息、丰富知识的重要途径，会听讲对学生来说非常重要。父母可以让孩子听音乐、听小说，鼓励孩子用自己的话描述所听到的内容，从而培养孩子专心听讲的好习惯。

5. 合理安排学习内容

开始学习的前几分钟一般效率较低，15 分钟后达到顶点。根据这一规律，可建议孩子先做一些较为容易的作业。在孩子注意力最集中的时间做较复杂或有难度的作业，还可交替做口头作业与书写作业。

总之，良好学习习惯的养成不是一朝一夕的事情，需要家长和老师的耐心培养及持之以恒的训练，是家长、老师和孩子共同努力的结果。

三、培养主动学习的态度

我们常说“态度决定一切”，所谓学习态度，是指学生对学习及学习情境所表现出来的一种比较稳定的心理倾向。通常可从学生对待学习的注意情况、情绪状况和意志状态等方面了解孩子的学习态度。

案例分析

某个孩子在上小学三年级的时候，各方面表现都非常优秀，学习成绩也逐渐上升，班主任就对这个孩子说：“你在期末考试中如果语文和数学都能考到97分以上，我们就评你为‘三好学生’。”因为孩子从没有得到过这样的荣誉，因此倍受鼓舞，此后积极努力地学习。可是到期末考试的时候，由于试卷相对较容易，大部分学生的成绩都在95分以上，两科都考满分的就有十几个，而“三好学生”的名额有限。这个孩子虽然都考到了98分以上，超过了老师的预期，但没有被评为“三好学生”。这对孩子的打击非常大，回家说了句“我以后再也不给老师学了”，就愤愤地把书包一扔，出去玩了。此后，他看到班主任就心烦，班主任的课也不听，学习热情大大降低。到三年级结束的时候，孩子的成绩一落千丈。学校在四年级的时候重新分班，这个孩子被分到其他班级，换了新的班主任，情绪才慢慢好起来。

【分析】不和谐的师生关系会成为孩子产生厌学情绪的重要原因，上述案例是学习态度中情感成分影响学习成绩的典型事例。对孩子来说，情绪情感对其心理的影响较之成人要大得多。

从理论上来说，学习态度由认知、情感和行为意向三种心理成分构成。认知成分是指学生对学习活动或所学课程的一种带有评价意义的认识和理解，它反映学生对学习价值的认识，是学习态度的基础。情感成分是指学生伴随认知而产生的情绪或情感体验，如对学习的热爱或厌恶心理等，由于情感本身就能反映出学生的学习态度，因而情感成分是学习态度的核心。行为意向成分是指学生对学习的反应倾向，即学生准备对学习做出某种反应。一般说来，上述学习态度的三种成分是协调一致的。学生的学习态度不仅直接影响学习行为，还直接影响学习成绩。那些喜欢学习、认为学习很有意义的学生，上课注意听讲，按时完成作业，学习成绩优良。相反，那些对学习不感兴趣、认为学习无用的学生，课堂行为问题多，学习成绩相对较差。

所以说，每个家长都应该充分认识学习态度的重要性，并有意识地培养孩子良好的学习态度，尽量减少影响孩子良好学习态度形成的不良因素。

学生学习态度的形成受家长态度的影响是非常明显的。家长对科学文化知识的态度、对孩子学习的重视程度，在很大程度上影响孩子的学习态度。一些研究指出，热爱学习、学习积极性高的学生大多来自重视文化修养、求知欲高的家庭，这类学生的父母大多接受了中、高等教育。相反，大多数不爱学习、学习成绩差的学生，其父母的学历水平可能相对较低，且父母易轻视科学文化知识。另外，在日常生活中我们还观察到，那些关心孩子学习进展，对孩子的学习态度和学习行为不断给予指导、检查和奖惩的家长，会促使孩子形成积极的学习态度并提高学习成绩；相反，在家长对孩子学习不闻不问、任其自由发展的家庭环境中长大的孩子，很少有积极的学习态度，而且很少能取得优异的学习成绩。

所以说，学习态度并不是光凭口头教育、一朝一夕就能端正的，要从提高孩子的学习兴趣、营造良好的家庭学习氛围、改变家长对学习的认知和态度等方面努力，让孩子从内心理解学习到底是为了谁，这时孩子才能自觉、主动地学习。培养孩子良好的学习态度，就从改变家长的认知和态度开始吧！

第三节

陪伴孩子成长

从我们当父母的那一天起，我们就和孩子一起学习和成长，这个过程会伴随我们一生。可是有的家长完全是围着孩子转，眼里、心里都只有孩子，完全失去了自我，忘记了孩子终将会长大，是要远离我们的。其实，养育孩子不过是我们人生中的一个插曲，除了要照顾好孩子之外，更应把自己的生活过得有声有色，把自己的人生描绘得绚烂多彩。只有这样，孩子才能相信自己的父母、佩服自己的父母，才能以自己的父母为榜样去学习和生活。请家长们记住一句话——“你的光彩是孩子骄傲的资本”。那么，家长应该怎样更好地陪伴孩子一起成长呢?

一、幸福源自内心的追求

绝大部分不幸福的家庭其实根本不是真的不幸福，而是根本不具备幸福生活的能力。我们从来没有学过如何做妻子、做丈夫就“无畏”地结婚了，从来没有学过如何做爸爸、做妈妈就“无畏”地生了孩子，从来没有学过如何幸福地生活就“无畏”地朝着内心的幸福生活迈进。幸福是什么?这句话好像成了当今一个流行语，或是社会的一种诉求。其实，每个人所处的阶段不同，对幸福的理解是不同的，也没有一个明确的答案，它只是每个人的一种心理体验或感受。

美国著名社会心理学家马斯洛提出的“需要层次理论”把需要分为生理需要、安全需要、归属和爱的需要、尊重需要和自我实现需要五类，依次由较低层次到较高层次。当一个人为吃饱而奔波的时候，能有一碗热腾腾的面条就是最大的幸福；当一个人走在无人的黑暗的巷子时，忽然发现一束微弱的灯光就是最大的幸福；当一个人取得了成就的时候，有人能分享，能获得一个赞赏的微笑就是最大的幸福。因此，当我们经过艰苦努力实现了一个梦想时，幸福感就会陡然在心中荡漾。可是反过来想一下，有时幸福也并不全是通过努力而获得的，而是一种对比、一种参照、一种心态。当一直被你呵护的孩子给你送来母亲节礼物的时候，你是幸福的；当你买了件心仪的衣服被他人夸奖的时候，你是幸福的；当你将捡到的东西还给着急寻找的人的时候，你是幸福的；当你睡了一个好觉而感觉很舒服的时候，你也是幸福的。

因此，幸福并没有一个定义，也没有一个范围，它就是一种体验和感受。但是，如今为什么有些人总觉得幸福的时候少、不幸福的时候多呢？那也是一种体验和感受。在你没有评上职称而其他人评上的时候，你觉得是不幸福的；当你清闲惯了，单位给你安排繁重的任务的时候，你觉得是不幸福的；当你上下班很随意的时候，你觉得打卡签到就是不幸福的……在这些时候，人往往从个人的私利出发，眼中看到的只是个人的得失，但其实社会是比较公平的，是有一定秩序和要求的。

前面说到幸福是一种对比、一种参照、一种心态，不幸福也是同样的。当你通过层层关卡评上职称的时候，你感觉是幸福的；评上了职称，没能聘上，你又觉得是不幸福的；当有了名额被聘上了，你觉得是幸福的，而在拔高聘任中没能拔高聘任，你又觉得是不幸福的；凡此种种，不一而足。

因此，成功带来的幸福感大多稍纵即逝，而幸福源自内心的追求。幸福与否就是一种体验和感受，当幸福来临的时候，好好享受它，当感觉不幸福的时候，想想幸福的事情。用一个成语来说，那就是知足常乐！真正的幸福不在于拥有的多，而在于计较的少。对幸福是什么进行了一番思考后，我的结论就是——给生活一个微笑，幸福就不会走远。

二、快乐源于乐观、豁达的态度

马斯洛提出的“需要层次理论”把自我实现需要看作最高层次的需要。这种需要是指为了实现个人的理想、抱负，尽个人最大的努力，完成与自己能力相称的一切事情。该理论认为，为满足自我实现需要所采取的措施是因人而异的，完成与自己能力相称的工作，充分发挥自己的潜在能力，会使人们感到极大的快乐。因此，我们要：

乐观面对工作。在现实生活中，生存和兴趣经常会让我们在选择工

我和女儿一起“工作”，尽管我们的“工作”不同，但我们都很投入。（2020 年 10 月拍摄于通辽）

作的过程中身不由己，但工作终究是生活的主体，日子过得快不快乐，很大程度上取决于工作能带来多少快乐。因此，我们要改变心态，少一点抱怨，多一点乐观和豁达。那样，当我们面对当前的工作时，就会从积极的改变中找到快乐，就会发现原来快乐就在自己身边。

用心做好工作。一个认认真真工作的人，只能称作称职；一个真正用心工作的人，才能达到优秀。用心不仅仅能使我们做好本职工作，更能使我们科学地谋划未来；用心不仅仅能使我们积极面对人生中遇到的每一次挫折，更能使我们战胜人生路途中的每一次困难。没有真正用心工作的人，在人生的舞台上永远只能扮演一个不起眼的角色；只有用心工作的人，才能完美诠释自己生命的价值。什么才是用心呢？第一，要树立正确的人生观、价值观和道德观，说真话、办实事、讲信义、重情义。第二，要有奉献意识，既能照亮别人，又能照亮自己。第三，要稳得住心神、管得住身手、抗得住诱惑、经得起考验，不应做、不该做的事坚决不做，倍加珍惜自己所拥有的一切。第四，要常修为政之德、常思贪欲之害、常怀律己之心，以正派率直、不染俗尘的风节立身处世。

保持心态平和。“宠辱不惊，看庭前花开花落；去留无意，望天边云卷云舒。”这是一种境界、品格和力量。对普通人来说，工作的最大目的在于谋生，但整天忙于挣钱、疲于奔命而忽略了自己在工作中实现自我价值和社会价值的情感需要，将会成为工作中感觉“不快乐”的潜在因素。情感需要和工作效益之间矛盾的实质是一个人用何种心态对待工作中的得与失。每个人的心里都有一把隐性的标尺，衡量在工作中的付出和收获，付出与收获的比值越接近于 1，个体与工作的关系就越融洽，工作的快乐指数也就越高；当个体忽略了在工作中获得的成就感，付出就会远大于所得，工作“不快乐”的感觉就逐渐产生了。由于人的心理需求很难真正被量化，因而这个隐性标尺的刻度总在不断变化，这就需要我们不断调整自己的心态。

三、及时调整自己去适应社会的变化

我们经常听到一些家长议论：“现在的孩子和我们小时候不一样，我们小时候多数是对大人的话言听计从，根本不敢顶嘴，大人一生气，我们就吓得不敢吱声了；现在的孩子太有主意了，你让他干啥他偏不干，你气得都不行了，他反而和没事人一样照样听音乐、玩手机，孩子越这样我就越生气，结果非得爆发一场家庭战争才算完事……”

每每听到这些，我真希望家长也反思一下：

当你让孩子去学习的时候，你在干什么呢？

孩子问你问题的时候，你是怎么对待的呢？

孩子有进步，期待你的奖励的时候，你在做什么呢？

孩子和你说话的时候，你的眼睛是不是根本没有离开过电脑屏幕或手机？

孩子让你跟他玩的时候，你是不是以工作忙或工作累为由把孩子支到一边去了呢？

再来想想我们小时候，家里几乎没有手机、电脑，只有电视机，还得等到下午 5：30 才有儿童节目，而且节目 7：00 就结束了；每家的生活环境都差不多，没有现在这么大的差别；缠着家长玩的时候不多，都是去找小朋友玩，经常是三五成群的孩子玩到天黑才回家；媒体也没有现在这么多，节目也没有现在这么多花样；从来没听说过选秀节目、相亲节目、网红主播……

所以说，家长的困惑来源于家长没有跟上社会发展的步伐，没有认清社会现实，也没有及时调整自己去适应社会的变化，所以才会看不惯那么多现象。我们再用以前的教育方式对待现在的孩子，当然会出现困惑和不解。社会在变化，环境在变化，人们的观念也应该变化。因此，家长要跟上时代的步伐，放宽眼界，不要总是盯着孩子的一举一动，要先了解当前社会的变化，并且融入变化的社会中，才能“看惯”现在孩子的所作所为，才能根据当前的客观需要有针对性地教育和引导孩子。不能一味地和过去比，和自己小时候比，这只会使得代沟越来越深，而无法真正走进孩子的内心世界。

四、提高个人修养，以身作则

修养是由文化、智慧、善良和知识所表现出来的一种美德，是崇高人生的一种内在力量。讲究情操修养，是我们中华民族的优良传统，我国古代就有“修身，齐家，治国，平天下”的说法，家长更应该加强自身修养，以身作则。

人们常说：“榜样的力量是无穷的。”对儿童来说，榜样的作用尤其重要。革命领袖、英雄模范人物、先进工作者、学校的老师、品学兼优的同学，以及文艺作品中的典型形象，都是孩子模仿的对象，他们的好思想、好品德、好行为对孩子有极大的影响力。家长借助这些具体、生动、崇高的人物形象教育孩子，有很强的说服力，这是毫无疑义的。但是，对自己的孩子来说，最直接、最经常、影响最大且最深刻的榜样首先是家长，包括家庭中的所有成年人，最主要的是父母。父母如何生活、如何工作、如何进行家务劳动、如何待人处世、如何学习，这一切，孩子都看在眼里、记在心上，也会体现在孩子的行动中。家长思想品德好，作风正派，为人厚道，孩子会跟着学；家长思想品德不好，作风不太正派，为人尖酸刻薄，孩子也会跟着学。不仅如此，只要我们仔细观察就会发现，某个孩子走路的步态、说话的表情、站立的姿势，都酷似他的父亲或母亲。总之，家长的言行举止对孩子的影响力是不可低估的。

家长的言行举止对孩子的影响是在不知不觉中发挥作用的。说者无意，但听者有心；做者无心，但看者有意。在无意之中，家长的言行就影响了孩子。不管影响是积极的，还是消极的，都潜移默化地发生作用。家长必须注意到，家庭教育和学校教育有所不同。学校教育注重的是通过上课传授知识，通过组织集体活动进行思想品德教育，这些教育活动是有组织、有领导、有目的、有计划、有步骤进行的。而家庭教育，主要是在家庭的日常生活中，通过家长的言传身教随时随地进行的，可见，家长的言行对孩子的影响极深。因此，家长在日常生活中的言语行为便成为教育孩子的主要途径。苏联教育家马卡连柯曾说过，不要以为只有家长同儿童说话、教训他、命令他的时候，才是进行教育。家长是在生活的每时每刻教育孩子，甚至在家长不在场的时候，也能对孩子进行教育。家长怎样穿戴，怎样同别人谈话，怎样议论别人，怎样读报——这一切对孩子都有着重要的意义。马卡连柯的话非常深刻，事实也正是如此。家长希望孩子成为什么样的人，自己首先得做这样的人，家长的言行不可不慎。

家长教育子女，批评、表扬是最常用的方式方法。可在现实生活中，有的家长批评、表扬的效果很好；而有的家长，不管是批评还是表扬，效果却不明显，甚至有的孩子根本不听。这是什么原因呢？恐怕其中一个重要原因就是家长在孩子的心中没有威信。家长要孩子做的事自己却做不到，即家长言行不一、表里不一，孩子怎么会听话呢？我国古代教育家孟子曾说要“易子而教”，意思是互相交换孩子进行教育。为什么要互相交换孩子进行教育呢？其根本原因是家长不能以身作则，父亲教孩子行“正理正道”，可自己平时却未行“正理正道”，这样的教育不会有说服力。做父母的，孩子不听话，不要武断地去责怪他，应首先检查一下自己平时的表现，要孩子做到的事是不是自己先做好了。自己做好了，再去教育孩子、要求孩子，孩子自然会听话，并会跟着做。正如孔子所说：“其身正，不令而行；其身不正，虽令不从。”

在家庭教育中，所有成年人都是孩子的教育者，人人都负有教育的责任。不仅是父亲，也不仅是母亲，爷爷、奶奶、哥哥或姐姐都是教育者。以身作则不是对哪一个人的要求，是对家庭所有成年人、长者的要求。试想，一个家庭中，只有父亲能以身作则，而母亲不以身作则，或者爷爷、奶奶能以身作则，而父母不能以身作则，那么，孩子跟谁学呢？有的是正确的言行，有的是错误的言行，孩子便无所适从。因此，在实施家庭教育的过程中，人人都要给孩子做出榜样，只有这样，榜样的力量才会更大。

那么，怎样才能自觉做到以身作则呢？

第一，家长应当时刻想到，作为父母，担负着培养和教育子女的神圣任务。家长和自己孩子的关系不仅是单纯的父母与子女的关系，还是教育者和受教育者的关系。教育子女不是家庭里的“私事”，而是国家大事，是关系到国家未来和社会发展的大事。教育不好孩子，不仅是家庭的损失，更是国家的损失。有了这样一种高度的责任心，家长就会自觉地严格要求自己，能处处给孩子做榜样。

第二，要做到以身作则，不能有家长特权思想。有的家长认为自己是孩子的父母，自己教什么，孩子就应当听什么，要孩子做什么，孩子就得做什么，何必要家长以身作则呢？这是一种不平等的思想，是封建家长制意识的反映。家长必须认识到，以身作则，放下自己的架子，同孩子平等相处，与子女之间的关系才能更加密切。同时，孩子会想：家长都做到了，自己为什么做不到呢？

第三，要做到以身作则，家长必须切实加强自身修养，树立积极向上的人生观。家长必须清楚，以身作则，并不只是做个样子给孩子看就可以了。有的家长认为，小孩子好“糊弄”，在孩子面前注意一点就行了，不必当真！似乎家长就像舞台上的演员，是在给孩子“表演”。但其实演员也要有职业道德修养，在台上演正面的英雄人物，在台下也要做有理想、有道德、有文化、有纪律的人，更何况家长呢！家长应当时时处处严格要求自己，若想把自己的孩子培养成为有理想、有道德、有文化、有纪律的新型人才，家长首先必须做这样的人。家长要时刻提醒自己在孩子面前注意言行，要言行一致、表里如一，否则会给孩子造成极为不利的影响。不要总认为孩子小、不懂事，其实孩子是相当敏感的，家长在孩子面前是真情真意还是虚情假意，孩子完全能觉察得到。

为了孩子，为了国家未来的栋梁，家长要从自己做起，切实加强自身的修养，用自己的言语行动去影响孩子，成为孩子终生难忘的榜样。

参考文献

[1] 毕凤祥. 家庭教育中“亲邻关系”的缺失与应对[J]. 中国家庭教育，2013（3）：8-12.

[2] 布卢姆. 教育评价[M]. 邱渊，王钢，夏孝川，等译. 上海：华东师范大学出版社，1987.

[3] 蔡元培. 中国人的修养[M]. 上海：上海教育出版社，2018.

[4] 曹麦玲. 略析颜之推的家庭教育思想及其对当今家庭教育的启示[J]. 陕西师范大学学报（哲学社会科学版），2001，30：310-312.

[5] 曾国藩. 曾国藩家教[M]. 常万里，点评. 长沙：湖南人民出版社，2014.

[6] 陈鹤琴. 家庭教育与父母教育[M]. 上海：上海人民出版社，2016.

[7] 成尚荣. 活教育：核心素养的摇篮——陈鹤琴教育思想对核心素养研究的启示[N]. 中国教育报，2017-04-19（09）.

[8] 董东. 浅谈原生家庭在美术启蒙教育中的重要性[J]. 戏剧之家，2019（27）：200.

[9] 范卓. 如何推进家庭美术教育的有效开展[J]. 汉字文化，2018（3）：108.

[10] 高中建. 当代青少年问题与对策研究[M]. 北京：中央编译出版社，2008.

[11] 巩宸宇. 清心治本　直道谋身：读包拯三十七字家训[J]. 党课，2016（11）：78-79.

[12] 管元元. 新时代优良家风的建设研究[D]. 临汾：山西师范大学，2018：7-9.

[13] 何本方，李树权，胡晓昆. 中国古代生活辞典[M]. 沈阳：

沈阳出版社，2003.

［14］何大慧，郑瑶. 农村幼儿家庭教育［M］. 北京：教育科学出版社，1993.

［15］赫伯特·斯宾塞. 斯宾塞的快乐教育［M］. 成墨初，李彦芳，译. 武汉：武汉大学出版社，2014.

［16］胡迎建. 百家规：古训诫子话家风［M］. 南昌：江西美术出版社，2014.

［17］黄河清. 家庭教育学［M］. 上海：华东师范大学出版社，2014.

［18］黄迺毓. 家庭教育导论［M］. 台北：五南图书，2016.

［19］夸美纽斯. 大教学论［M］. 傅任敢，译. 北京：人民教育出版社，1957.

［20］凌长明. 校外拓展：小学美术教学途径的新探索［J］. 教书育人：教师新概念，2018（5）：58.

［21］刘铁芳. 把体育还给体育［J］. 学术评论，2006（7）：58-59.

［22］罗国杰.《中国家训史》序言［J］. 高校理论战线，2004（1）：63-64.

［23］罗斯·埃什尔曼. 家庭导论［M］. 潘允康，张文宏，马志军，等译. 北京：中国社会科学出版社，1991.

［24］马卡连柯. 论共产主义教育［M］. 刘长松，杨慕之，译. 北京：人民教育出版社，1954.

［25］马卡连柯. 马卡连柯教育文集（下卷）［M］. 吴式颖，等编. 北京：人民教育出版社，2005.

［26］马卡连柯. 马卡连柯全集（第四卷）［M］. 耿济安，高天浪，王云和，译. 北京：人民教育出版社，1957.

［27］玛丽亚·蒙台梭利. 家庭中的儿童［M］. 郭景皓，郑艳，译. 北京：中国发展出版社，2012.

［28］缪建东. 家庭教育社会学［M］. 南京：南京师范大学出版社，2001.

［29］苏霍姆林斯基. 给教师的建议［M］. 2 版. 杜殿坤，编译. 北京：教育科学出版社，1984.

［30］孙元涛. 身体问题的教育学思考［J］. 教育理论与实践，2006，26（19）：5-8.

［31］孙云晓. 习惯决定孩子一生［M］. 北京：北京师范大学出版社，2013.

［32］王东华. 对孩子的期望与平常心［J］. 山东教育，2000（15）：41.

［33］王国轩. 大学 中庸［M］. 北京：中华书局，2006.

［34］王昳，桂雍. 千古家训［M］. 合肥：安徽文艺出版社，2002.

［35］习近平. 习近平谈治国理政（第二卷）［M］. 北京：外文出版社，2017.

［36］徐新中，王春燕. 走出"5+2=0"的怪圈：也谈提高学校德育工作实效性［J］. 教育科学论坛，2006（4）：69-71.

［37］姚伟. 中外幼儿教育名著解读［M］. 南京：南京师范大学出版社，2007.

［38］伊里奇. 哈佛的教育智慧［M］. 北京：中国人口出版社，2009.

［39］尹旦萍. 中国家训文化对当代家庭教育的启示［J］. 江汉论坛，2001（12）：57-59.

［40］尹康平，邢妍. 浅论中国传统家庭教育思想［J］. 保山师专学报（哲学社会科学版），1997，16（3）：9-14.

［41］张琳，周斌. 弘扬传统家训文化 培育当代优秀家风："中国传统家训文化与优秀家风建设"国际学术研讨会纪要［J］. 道德与文明，2015（3）：156-158.

［42］张文新. 儿童社会性发展［M］. 北京：北京师范大学出版社，1999.

［43］郑强胜. 郑氏规范［M］. 郑州：中州古籍出版社，2016.

［44］周玲. 父亲参与家庭教育的影响力及现状分析［J］. 金华职业技术学院学报，2006，6（2）：84-87，90.